电网企业**劳模培训**系列教材

电费管理

国网浙江省电力有限公司　组编

中国电力出版社
CHINA ELECTRIC POWER PRESS

内 容 提 要

　　本书是"电网企业劳模培训系列教材"之《电费管理》分册，采用"项目—任务"结构进行编写，以劳模跨区培训对象所需掌握专业知识要点、技能要领、典型案例三个层次进行编排，包括电价政策、抄表、核算、收费账务、新型业务五部分内容。采用图文并茂解说专业技能和营销新技术，包括不同类型的电费计算、电e宝、市场化核算等内容。

　　本书可供电网公司抄表核算收费专业人员学习参考。

图书在版编目（CIP）数据

电费管理 / 国网浙江省电力有限公司组编 . —北京：中国电力出版社，2018.6（2022.11重印）
电网企业劳模培训系列教材
ISBN 978-7-5198-1825-8

Ⅰ．①电… Ⅱ．①国… Ⅲ．①用电管理－费用－中国－技术培训－教材 Ⅳ．①F426.61

中国版本图书馆 CIP 数据核字（2018）第 044855 号

出版发行：中国电力出版社
地　　　址：北京市东城区北京站西街 19 号（邮政编码 100005）
网　　　址：http://www.cepp.sgcc.com.cn
责任编辑：刘丽平（liping-liu@sgcc.com.cn）　王蔓莉
责任校对：李　楠
装帧设计：王英磊　张　娟
责任印制：石　雷

印　　　刷：北京雁林吉兆印刷有限公司
版　　　次：2018 年 6 月第一版
印　　　次：2022 年 11 月北京第二次印刷
开　　　本：710 毫米 ×980 毫米　16 开本
印　　　张：9.25
字　　　数：127 千字
印　　　数：3001—3500 册
定　　　价：35.00 元

编　委　会

主　编　董兴奎　朱维政

副主编　徐　林　黄　晓　俞　洁　徐汉兵

　　　　　王　权　赵春源

委　员　郭云鹏　张仁敏　韩霄汉　吴　臻

　　　　　赵汉鹰　崔建业　张　平　董建新

　　　　　郭建平　李建宇　周晓虎　肖龙海

　　　　　王文廷　董绍光

编　写　组

组　长　周陈龙

副组长　戴贤棋　邵若珍

成　员　陈建胜　陈　峰　郭康瑞　王贵平

　　　　　赵韶华　胡晓芬　董绍光

丛书序

国网浙江省电力有限公司在国家电网公司领导下，以努力超越、追求卓越的企业精神，在建设具有卓越竞争力的世界一流能源互联网企业的征途上砥砺前行。建设一支爱岗敬业、精益专注、创新奉献的员工队伍是实现企业发展目标、践行"人民电业为人民"企业宗旨的必然要求和有力支撑。

国网浙江公司为充分发挥公司系统各级劳模在培训方面的示范引领作用，基于劳模工作室和劳模创新团队，设立劳模培训工作站，对全公司的优秀青年骨干进行培训。通过严格管理和不断创新发展，劳模培训取得了丰硕成果，成为国网浙江公司培训的一块品牌。劳模工作室成为传播劳模文化、传承劳模精神，培养电力工匠的主阵地。

为了更好地发扬劳模精神，打造精益求精的工匠品质，国网浙江公司将多年劳模培训积累的经验、成果和绝活，进行提炼总结，编制了《电网企业劳模培训系列教材》。该丛书的出版，将对劳模培训起到规范和促进作用，以期加强员工操作技能培训和提升供电服务水平，树立企业良好的社会形象。丛书主要体现了以下特点：

一是专业涵盖全，内容精尖。丛书定位为劳模培训教材，涵盖规划、调度、运检、营销等专业，面向具有一定专业基础的业务骨干人员，内容力求精练、前沿，通过本教材的学习可以迅速提升员工技能水平。

二是图文并茂，创新展现方式。丛书图文并茂，以图说为主，结合典型案例，将专业知识穿插在案例分析过程中，深入浅出，生动易学。除传统图文外，创新采用二维码链接相关操作视频或动画，激发读者的阅读兴趣，以达到实际、实用、实效的目的。

三是展示劳模绝活，传承劳模精神。"一名劳模就是一本教科书"，丛书对劳模事迹、绝活进行了介绍，使其成为劳模精神传承、工匠精神传播的载体和平台，鼓励广大员工向劳模学习，人人争做劳模。

丛书既可作为劳模培训教材，也可作为新员工强化培训教材或电网企业员工自学教材。由于编者水平所限，不到之处在所难免，欢迎广大读者批评指正！

最后向付出辛勤劳动的编写人员表示衷心的感谢！

丛书编委会

前　言

本书的出版旨在传承电力劳模"吃苦耐劳，敢于拼搏，勇于争优，善于创新"的工匠精神，满足一线员工跨区培训的需求，从而达到培养高素质技能人才队伍的目的。

本书在知识内容方面，主要依据《11-062 职业技能鉴定指导书　抄表核算收费员（第二版）》和《国家电网公司生产技能人员职业能力培训规范》，根据抄核收人员岗位要求和"实用、实际、实效"原则，以提升岗位能力为核心，涵盖了抄表核算收费专业的理论和业务技能知识。

本书在编写结构方面，主要采用"项目—任务"结构进行编写，主要包括电价政策、抄表、核算、收费账务、新型业务等内容。本书以劳模跨区培训对象所需掌握的专业知识要点、技能要领、典型案例三个层次进行编排，架构合理，逻辑严谨，理念新颖。尤其在技能要领中，采用图文并茂的方式，解说专业技能和营销新技术，涵盖不同类型的电费计算、电 e 宝、市场化核算等内容。

本书由国网浙江永嘉县供电有限公司李建宇、周陈龙主编，国网浙江永嘉县供电有限公司戴贤棋、陈建胜、陈峰、邵若珍、郭康瑞、王贵平、赵韶华、胡晓芬参加编写。本书在编写过程中得到了欧阳柳、金慧颂、常冲、余颖娜等专家的大力支持，在此谨向参与本书审稿、业务指导的各位领导、专家和有关单位致以诚挚的感谢！

限于编写时间和编者水平，不足之处在所难免，敬请各位读者批评指正。

编　者

2018 年 2 月

目　录

劳动创造美好生活，实干成就伟大梦想

——记全国劳动模范邵若珍

邵若珍

女，1971 年 3 月出生于浙江温州永嘉县茗岙乡，中共党员，大学本科学历，高级经济师，现为国网永嘉县供电有限公司工会副主席。由于工作出色，她被评为温州市劳动模范、浙江省劳动模范。凭借她劳模班组的先进事迹，她 2005 年被授予"全国劳动模范"荣誉称号。

"劳动创造美好生活，实干成就伟大梦想"是邵若珍奋斗的目标，"吃苦耐劳，敢于拼搏，勇于争优，善于创新"是邵若珍工作的源泉。

这朵楠溪江畔的映山红，用她那坚韧不拔的精神带领着她的团队，在楠溪江畔开出片片摇曳生姿的映山红。2007～2013 年邵若珍担任电费管理中心主任，任职期间电费部担负着永嘉全县 33 万多户的电费计算、复核、发行、催收等工作。邵若珍团队平均年龄 42 岁，但却在工作中想方设法"开源疏渠"，不断拓宽交费渠道，采取多种方法，切实加强电费回收工作，与各大银行沟通协商，积极推广电费充值卡、POS 机、自助交费终端等新型交费方式，并对 9 种交费方式进行专题宣传。她们用挂号信为托收用户准确、及时寄送电费发票，主动上门为客户用电答疑解惑，为客户省电支招，提出合理化建议 25 条，受益客户达 20 余万。公司连续 5 年实现电费回收 100%，累计回收

电费 83.28 亿元，复核电费 1926 万笔，没有发生一笔人为原因差错，确保了国有资产不流失。在邵若珍和她的团队努力下，从 2011～2016 年供电公司连续 5 年在全省范围内率先完成年度电费回收任务。

她们的工作平凡而微小，抄表、电价执行、电费计算、审核、电费回收及收费渠道和方法、电费账务的管理、电费追讨等一系列工作，看似简单，却倾注着整个电费管理中心的心血和努力。这漫山遍野的映山红在全国劳模邵若珍的带领下，在生活中互相帮助，在工作上互相鼓励，在事业上相互扶持，以女性特有的勤劳、温柔，立足岗位做贡献，服务社会创佳绩，展现了"巾帼不让须眉"的风采。她们凭着一股不服输的劲儿，坚持在干中学、在学中干，练就岗位能手，在专业中纷纷取得经济师、技师、高级工等各种技能证书，"比学赶帮超"在电费管理中心蔚然成风。带头人全国劳模邵若珍更是处处以身作则，带领着电费管理中心女职工们集思广益，献计献策，不辞辛劳。

这个让人无比自豪和骄傲的团队获得"2011～2012 年度温州市劳动模范集体"、2012 年 1 月获得"浙江省巾帼文明岗"，2013 年 3 月获得"全国能源化学系统女职工建功立业标兵岗""浙江省电力公司邵若珍劳模敬业示范岗""温州市三八红旗集体"等荣誉称号。

平凡的岗位铸造不平凡的人物，平凡的岗位创造出优秀的团队，让我们走进身边的这位劳模，走进身边的这个团队，去传承这片映山红的精神，去领略和学习她们的专业技能带给我们感官和思维上的开拓及创新。

项目一

电价政策

》【项目描述】 本项目包含电价制度、电价分类及特殊电价三方面内容，通过知识要点介绍、技能要领解说、典型案例分析，介绍我国目前现行电价政策的基本情况。

任务一 电价制度

》【任务描述】 本任务主要讲解电价制度、销售电价及实施范围及特殊电价政策等内容。读者通过对这些知识的学习，能够掌握电价制度的基本知识，熟悉电价的内涵，了解电价政策正确执行的重要性。

》【知识要点】

一、我国现行电价制度

电能是一种特殊的商品，电价是电能价值量的货币表现。制定电价不仅要遵照"合理补偿成本，合理确定收益，依法计入税金，坚持公平负担，促进电力建设"的原则，还要充分利用价格的杠杆作用，针对不同类型的客户分别制定不同的电价制度，以促使客户改善用电条件，提高其设备利用率和负荷率，使电网尽可能地提高供电能力。

所谓电价制度，是根据不同用电情况下的电能成本而采取的不同计费方式和方法。目前我国常用的电价制度有 9 种，分别为定额制电价、分级制电价、单一制电价、两部制电价、峰谷分时电价、可中断负荷电价、高可靠性电价、季节性电价、优待电价和趸售电价。

二、单一制电价

单一制电价制度是以客户安装的电能表每月实际用电量为计费依据，以作为补偿电力企业的电能成本（变动费用）的电度电价和客户结算电费的一种电价制度。电度电价包含目录电度电价和代征电价。目录电度电价是指不含代征电价的电度电价，代征电价是所有基金及附加单价的总和。

对应的电费分别是目录电度电费和代征电费。

执行单一制电价制度的客户，计算电费时不需考虑用电设备的容量大小。若是计量方式为高供低计的客户计算变压器铁损时，需要考虑变压器的使用时间。受电容量大于等于 100kVA（100kW）且符合执行功率因数调整电费规定的客户，还要进行功率因数考核，即要收取功率因数调整电费。

总的来说，单一制电价是采取按电量结算的单一计费方式，计算结算方面简单易行，用户易于理解和接受，但没有考虑电力成本的特点，其中固定成本与最大负荷近似成正比，而变动成本与电量成正比，因此单一制电价不能鼓励用户节约用电，不利于提高设备利用率，对客户会造成不公平的负担。

三、两部制电价

两部制电价制度就是将电价分成两部分考虑，一部分是基本电价，用来补偿电力企业成本中的容量成本（固定成本），对应的电费为基本电费，在计算基本电费时可以以客户受电变压器（包括不通过受电变压器的高压电动机的容量）或最大需量作为计费单位进行计算；另一部分是电度电价，用来补偿电力企业成本中的电能成本，对应的电费为电度电费，以客户结算电量进行计算。

当前，各供电企业执行两部制电价的客户普遍为受电变压器容量（含不通过受电变压器的高压电动机的容量）大于等于 315kVA 的工业客户或符合条件的其他客户。

两部制电价是国际上较为普遍采用的一种电价制度，它的结构能较好地反映电能生产的特点和成本。两部制电价制度对于供用电双方均能公平体现双方利益，因此，在条件允许的前提下，应扩大执行两部制电价的范围，如将容量放宽到 100kVA，或将范围扩大到非工业客户、商业客户等其他客户。执行两部制电价对于电力企业和客户的好处有：

（1）发挥价格的杠杆作用，促使客户提高设备利用率，改变"大马拉小车"的状况，同时降低最大负荷，改善用电功率因数，提高电力系统的供电能力，使供用电双方从降低成本中都获得一定经济效益。

（2）能使客户合理负担电力生产的固定成本。不论客户用电量多少，电力企业为满足客户随时用电的需要，都会备用一定的发、供电设备容量，从而支付一定的容量成本，因此这部分应由客户合理分担。

➤【技能要领】

一、峰谷分时电价

对客户不同时段的电能实行不同的电价。以浙江省为例，峰谷分时电价有两类：一类针对非居民客户用电，执行六时段（三费率）分时电价；另一类针对居民生活用电。具体时段划分如表 1-1 所示。

表 1-1　　　　　　　　　　峰 谷 分 时 电 价 表

用电类型	高峰时段	尖峰时段	低谷时段
非居民客户用电	8：00～11：00 13：00～19：00 21：00～22：00	19：00～21：00	11：00～13：00 22：00～次日 8：00
居民生活用电	8：00～22：00		22：00～次日 8：00

二、分级制电价

浙江省城乡"一户一表"居民生活用电实行的阶梯电价分三档"阶梯"，阶梯电价从现行按月用电量累进加价调整为按年用电量划分三档阶梯式累进加价，如表 1-2 所示。

表 1-2　　　　　　　　　　阶 梯 电 价 表

电量档次	年用电量	执行电价	备注
第一档	2760kWh 及以下部分	0.538 元/kWh	电价不调整
第二档	2761～4800kWh	0.588 元/kWh	第一档电价基础上加价 0.05 元
第三档	超过 4800kWh 部分	0.838 元/kWh	在第一档电价基础上加价 0.30 元

》【典型案例】

一、轮换表计一粗心，电费计算差千里

1. 案例描述

某低压非居民用户，执行"一般工商业及其他：不满 1kV，三费率"电价，表计类型为非智能电能表。由于智能电能表全覆盖要求，该所在供电所于 2014 年 8 月 15 日发起周期检定（轮换）流程换装智能电能表，配表人员在配表环节勾选了"总、平、峰、谷"计度器，少选了"尖峰"计度器，误选了"平"计度器，信息归档人员审核时未能发现计度器类型与执行电价不匹配，导致出现异常，造成电费计算差错。

2 原因分析

（1）配表人员在周期检定（轮换）流程配表环节没有正确勾选用户计度器类型，造成计度器与执行电价不匹配。

（2）信息归档人员审核时未能发现计度器与执行电价不匹配异常，导致出现异常。

3. 防控措施

（1）加强计量装置选配规范管理，在周期检定（轮换）流程配表环节，必须根据客户执行电价正确勾选计度器类型，避免引起电费差错。

（2）加强日常过程监控，严把业务流程"信息归档"审核关，多层防范业务差错出门。

二、电价调整不执行，电费差错难避免

1. 案例描述

2000 年 3 月，老人活动中心申请新装立户，现场查勘人员发现现场为孤寡老人居住场所，在现场勘查环节用户分类选择为低压居民，行业分类选择为乡村居民用电，用电类别选择为乡村居民生活用电，执行电价选择为居民"一户一表"电价。

2013 年 10 月 25 日，浙江省物价局下发《浙江省物价局关于转发国家

发展改革委调整销售电价分类结构有关问题的通知》（浙价资〔2013〕273号），自2013年12月1日起，城乡社区居委会服务设施及办公用电执行居民生活（合表）电价。

2013年11月，该村将此场所改造成村委会下属老人协会的活动中心，但未到当地供电营业厅申请变更用电。

2014年3月、2014年11月，抄表员对该用户开展了现场周期核抄，抄表方式为现场远红外抄表，未发现电价执行与现场实际不一致的异常。

2015年11月，该公司上级部门开展涉农电价专项普查，现场检查确认，用户现场为老人协会用电，应执行居民合表电价，电价执行错误。

2. 原因分析

（1）电费管理人员电价宣贯不到位，用户电价执行错误，违反《浙江省物价局关于转发国家发展改革委调整销售电价分类结构有关问题的通知》（浙价资〔2013〕273号）规定，对于城乡社区居委会服务设施及办公用电，应执行居民生活用电价格（合表）电价。

（2）用电检查人员的用电检查工作不到位，抄表人员现场周期核抄工作不到位，未发现用户现场实际用电情况与执行电价不符，导致该用户长期电价执行错误。

3. 防控措施

（1）发起改类流程，变更电价、用电类别、行业分类，并发起电量电费退补流程。

（2）加强对《浙江省物价局关于转发国家发展改革委调整销售电价分类结构有关问题的通知》（浙价资〔2013〕273号）的宣贯培训，确保居民生活用电价格（合表）电价执行正确。

（3）加强用电检查管理和现场周期核抄管理，用电检查和现场周期核抄过程中发现的异常应及时通知相关人员进行整改处理。

任务二 电 价 分 类

» **【任务描述】** 本任务主要讲解销售电价具体分类等内容。读者通过对这些知识的学习，能够了解销售电价分类的特点，熟悉各类电价的特殊点与注意点，掌握营销系统电价查询功能应用。

【知识要点】

一、现行销售电价分类

目前浙江省销售电价分为四大类：居民生活用电价格、大工业用电价格、一般工商业及其他用电价格、农业生产用电价格。

1. 居民生活用电价格

居民生活用电价格是指城乡居民住宅及其附属设施（指楼道灯、住宅楼电梯、水泵、小区及村庄内路灯、物业管理、门卫、消防、车库）等生活用电价格，主要包括以下内容：

（1）普通高等学校（包括大学、独立设置的学院和高等专科学校）、高中（普通高中、成人高中）、中等职业学校（包括普通中专、成人中专、职业高中、技工学校）、初中（普通初中、职业初中、成人初中）、小学（普通小学、成人小学）、幼儿园（托儿所）、特殊教育学校（对残疾儿童、少年实施义务教育的机构）的学校教学用电和学生生活用电执行居民合表电价。学校教学用电是指教室、图书馆、实验室、体育用房、校系行政用房等教学设施用电；学生生活用电是指学生食堂、澡堂、宿舍等学生生活设施用电。

（2）敬老院、孤儿院、救助管理站等提供住宿的收养、收容服务场所用电执行居民合表电价。

（3）宗教场所生活用电、城乡社区居委会服务设施用电执行居民合表电价［依据《浙江省物价局关于转发国家发展改革委调整销售电价分类结构有关问题的通知》（浙价资〔2013〕273号）］。宗教场所生活用电是指经县级及以上人民政府宗教事务部门登记的寺院、宫观、清真寺、教堂等宗教活动场所常住人员和外来暂住人员的生活用电，主要包括食堂、浴室、宿舍等生活场所用电，不包括举办宗教活动的场所以及供游客参观、购物、餐饮等经营性场所用电；城乡社区居委会服务设施用电是指城乡社区居民

7

委员会工作场所及非经营公益服务设施的用电，主要包括城市社区居委会和农村村委会办公场所及其所属的居民服务大厅、警务室、图书阅览室、文体活动场所、养老服务场所等非经营性场所用电，不包括街道办事处用电以及出租给企事业单位、个体工商户用于办公、经营等场所用电。

（4）农村公用变压器（原农村综合变压器）以下的路灯、自来水及非营利性公共活动场所用电执行居民合表电价。

（5）利用居民住宅从事生产、经营活动用电不能执行居民生活用电价格。

（6）部队营房生活用电目前仍执行部队狱政用电价格。

（7）对于单独装表计量的厂区生活用电，可执行居民生活用电价格，现场如确实无法独立装表计量的，可按照生活用电设备容量的比例或实际可能的用电量，确定不同的比例或定量进行分算，具体比例或定量须由当地物价部门会同电力部门核定确认。

（8）车库用电，有独立产权证明的可单独立户装表计量，执行居民合表电价；无独立产权证明的，一般不单独立户装表计量。

2. 大工业用电价格

大工业用电价格是指以电为原动力，或以电冶炼、烘焙、熔焊、电解、电化的一切工业生产，且受电变压器容量（含不通过受电变压器的高压电动机）在 315kVA 及以上的用电价格，主要包括以下内容：

（1）中小化肥用电：具有生产许可证、单系列合成氨年生产能力为 30 万 t 以下（不含 30 万 t）的化肥企业生产用电，以及磷肥、钾肥、复合肥料企业的用电，但不包括上述企业生产中小化肥以外的用电。不得区分基数内外执行不同的价格。企业名单由省经信委确认。

（2）电解铝生产用电：国家产业政策允许和鼓励的电解铝企业生产电解铝的用电。

（3）氯碱生产用电：符合国家产业政策、达到经济规模，即年生产能力在 3 万 t 及以上的氯碱企业生产氯碱的用电。根据国家发改委的要求，执行比大工业电价低 10% 的水平。

（4）符合大工业用电容量规定的商业用电可以选择执行大工业用电价格，但必须执行分时电价，且选定后在12个月之内应保持不变。

（5）符合大工业用电容量规定的电气化铁路牵引用电、自来水厂用电、污水处理厂及其泵站用电、船舶修理厂用电均执行大工业电价。自来水厂用电和污水处理厂及其泵站用电是否执行分时电价由用户自行选择，选定后12个月内应保持不变。

（6）对"西气东输"压气站压气用电变压器容量在315kVA及以上的执行大工业用电价格。

3. 一般工商业及其他用电价格

一般工商业及其他用电价格主要包括以下内容：

（1）普通工业用电：以电为原动力，或以电冶炼、烘焙、熔焊、电解、电化的一切工业生产，且受电变压器容量（含不通过受电变压器的高压电动机）在315kVA以下或低压受电的用电，包括符合上述容量规定的自来水厂用电、污水处理厂及泵站用电、船舶修理厂用电。

（2）商业用电：从事商品交换、提供有偿服务等非公益性场所的用电，包括服务业、商品销售业、文化娱乐健身休闲业、金融交易业、商务服务业、电信和其他信息传输服务业、其他服务业。

（3）非工业用电：包括机关、事业单位、社会团体、医院、研究机构、宗教场所等用电；铁道、地铁、邮政、管道输运、航运、电车、电视、广播、仓库、码头、车站、停车场、飞机场、下水道、路灯、广告、体育场、市政公共设施、公路收费站、农贸市场；临时施工用电；邮政、自来水、管道煤气、有线电视等营业厅用电。

部队、狱政用电：部队用电（包括武警部队用电）、狱政用电（包括劳改、劳教单位用电），但上述各类用电不包括其所办企业的生产经营性用电，其所办企业的生产经营性用电按规定的分类用电价格执行。为残疾人办的企业（必须符合国家的有关规定，且380V/220V供电的用户），其生产用电价格也执行此类电价。盲人按摩机构、工（农）疗机构、辅助性工场等集中安置残疾人单位，其用电可执行此类电价。

（4）除居民生活用电、大工业用电、农业生产用电外的其他用电，均执行一般工商业及其他用电电价。

4. 农业生产用电价格

农业生产用电价格是指农业、林木培育和种植、畜牧业、渔业生产用电，农业灌溉用电，以及农业服务业中的农产品初加工用电的价格。其他农、林、牧、渔服务业用电和农副食品加工业用电等不执行农业生产用电价格。

（1）农业用电：各种农作物的种植活动用电。包括谷物、豆类、薯类、棉花、油料、糖料、麻类、烟草、蔬菜、食用菌、园艺作物、水果、坚果、含油果、饮料和香料作物、中药材及其他农作物种植用电。

（2）林木培育和种植用电：林木育种和育苗、造林和更新、森林经营和管护等活动用电。其中，森林经营和管护用电是指在林木生长的不同时期进行的促进林木生长发育的活动用电。

（3）畜牧业用电：为了获得各种畜禽产品而从事的动物饲养活动用电。不包括专门供体育活动和休闲等活动相关的禽畜饲养用电。

（4）渔业用电：在内陆水域对各种水生动物进行养殖、捕捞，以及在海水中对各种水生动植物进行养殖、捕捞活动用电。不包括专门供体育活动和休闲钓鱼等活动用电以及水产品的加工用电。

（5）农业灌溉用电：为农业生产服务的灌溉及排涝用电。

（6）农产品初加工用电：对各种农产品（包括天然橡胶、纺织纤维原料）进行脱水、凝固、去籽、净化、分类、晒干、剥皮、初烤、沤软或大批包装以提供初级市场的用电。

特殊点与注意点：

（1）农业排灌脱粒用电：粮食作物排灌、脱粒及农业防汛、抗旱临时用电。一般的防洪水利设施用电不纳入。

（2）贫困县农业排灌用电：省确定的享受贫困县扶持政策的农业排灌用电。

（3）农户家庭炒茶用电：日晒原盐用电；粮食烘干机械用电，均执行农业生产用电价格。

（4）农业、林业、牧业、渔业用电的界定原则，主要按种植、养殖的"第一环节"用电，其后续运输、宰杀、加工、储存、经销等的用电均不属于农业生产用电范围。

（5）蔬菜生产过程中的用电价格，按照农业生产用电价格执行。大型农贸市场用电、蔬菜冷链物流中的冷库用电实行与一般工商业用电同价，是否执行峰谷分时电价由用户自行选择。

（6）农产品初加工用电，由企业向当地粮食或物价部门申请，以物价部门确认发文为准。

二、几种特殊情况

（1）经权限部门认定的农村饮水安全工程，其供水用电价格按现行浙江省电网销售电价表中的"居民生活用电"价格执行。其中，通过农村排灌电力线路供电的农村饮水安全工程，其供水用电价格按"农业生产用电"中的农业排灌、脱粒用电价格执行，仅适用于农村饮水安全工程供农村居民饮用水的取水、抽水、输水等生产用电，不包括办公、生活等用电。对于除供农村居民生活用水外还对其他用户供水的农村饮水安全工程，其用电价格应按定比、定量的方式进行分算，分别计价。

（2）公用发电厂受电网的用电价格按相应电压等级大工业用电的电度电价标准执行，执行单一制电价。

（3）蓄热型电锅炉、冰蓄冷空调用电，低谷时段为 11：00～13：00、22：00～次日 8：00。低谷用电参照相应电压等级的大工业分时低谷电价执行。经省级权限部门认定的高效蓄能热泵热水机组用电参照上述规定执行。

（4）农业龙头企业。省物价局、省电力工业局《关于农产品加工型农业龙头企业等用电价格的通知》（浙价商〔2002〕377 号）第一条中规定的用电（农产品加工业农业龙头企业和省、部级重点农产品批发市场的用电以及农业科技园区从事畜禽、水产养殖和设施农业的用电），其受电容量在 315kVA 及以上的，可执行大工业用电价格；第二条中对经省认定的农业科技园区（浙价商〔2002〕377 号附件三中所列用户）从事畜禽、水产养殖和设施农业的用电按农业生产用电价格执行，其他用电及附件二所列用户用电按照相应用电价格的电度电价优惠 0.02 元/kWh 执行。

【技能要领】

一、核对电价执行

登录营销业务应用系统，选择综合业务查询≫业扩查询≫客户档案管理≫客户信息统一视图，如图 1-1 所示。

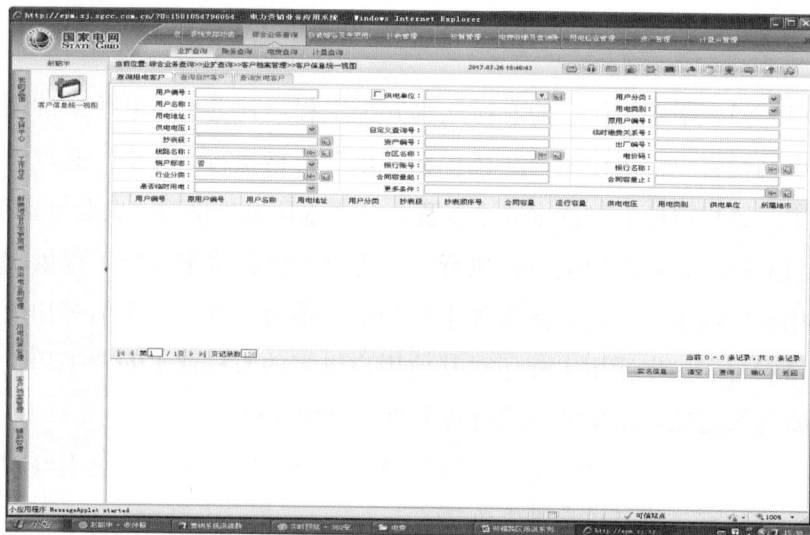

图 1-1　客户档案管理客户信息统一视图

输入客户户号后查询，选择计费信息，查询相应的电价方案，如图 1-2 所示；根据用户的行业分类和合同容量，结合最新电价文件核对用户电价是否执行正确。

二、查询电价表

登录营销业务应用系统进行查询，选择综合业务查询≫电费查询≫核算管理≫电费计费参数查询，根据现行的电价版本号，输入用电类别、电压等级等查询条件后，点击"查询"便可查询各类电价，如图 1-3 所示。

图 1-2　客户电价执行情况系统界面

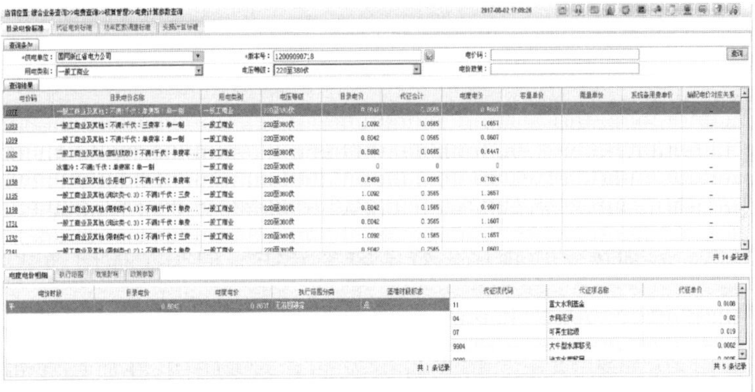

图 1-3　电费计费参数查询界面

【典型案例】

一、表计电价不对应，乱配鸳鸯错电费

1. 案例描述

某低压非居民用户，执行三费率电价。2015 年 3 月 30 日，配表人员

在周期检定（轮换）流程"配表"环节，将该用户原电能表"电子式复费率表（工业用）"更换为"电子式复费率远程费控智能电能表（居民用）"。新表计将 11：00～13：00 低谷时段错误计为高峰时段，多计算收取电费；而 19：00～21：00 尖峰时段错误计为高峰时段，少计算收取电费。

5 月 12 日发现该异常后，用电检查人员立即发起"改类"流程对错误表计进行更换，并对差错电量电费进行退补处理。

2. 原因分析

配表人员对表计类型不熟悉，未正确认识工业表"尖、峰、谷"和居民表"峰、谷"时段差别，导致配装的电能表无法满足三费率计量要求。

3. 防控措施

加强计量装置选配规范管理，在周期检定（轮换）流程配表环节，必须根据客户执行电价正确配置相应功能的电能表，避免引起计量差错。

二、电价政策有标准，企业权益力维护

1. 案例描述

某低压居民用电户，在抄表数据复核时，发现 2016 年 10 月电量为 2063kWh，而历月电量平均只有 135kWh，抄表方式均为远程抄表方式。现场核实后，发现该客户现场经营美容美发店，但为了使用和节省开支，没有向当地供电公司办理相关用电业务变更手续，而是直接通过居民电能表出线进行房屋装修并经营美容美发店，现场用电性质已全部为商业用电。

2. 原因分析

本案例为用电户高价低接的典型案例，抄表员除了应按规定抄表操作外，还应核实客户现场的用电性质，发现高价低接等违约用电情况，应做好现场记录，提出异常报告并及时报职责部门处理。即使现场抄表时未发现，或采用远程抄表方式未到现场，也应在抄表数据复核时，针对电量突变客户进行现场核实，并及时处理。

首先，工作人员发现抄表数据异常、电量突变，特别是居民大电量，应现场核实用电性质，查明原因，是否为季节性用电，是否抄错，是否存在高价低接等现象。其次，根据异常类型进行相关的处理，对违约用电行为进行相应的处理。

3.防控措施

抄表员应实时关注电量波动情况，并现场核实原因；营销稽查人员应加大"居民大电量"的稽查力度。

任务三 特 殊 电 价

》【任务描述】 本任务主要讲解特殊电价中差别电价、惩罚性电价、"一户多人口"电价、"两保户"优惠电价和电动汽车充换电设施价格等内容。读者通过对这些知识的学习，能够了解几种特殊电价的内涵；熟悉特殊电价的执行范围；掌握正确执行特殊电价。

》【知识要点】

一、差别电价

我国对电解铝、铁合金、电石、烧碱、黄磷、锌冶炼、水泥、钢铁等8个高耗能行业按照国家产业政策的要求，区分淘汰类、限制类、允许和鼓励类企业实行差别电价。对上述行业中国家产业政策允许和鼓励类企业，其电价按浙江省电网销售电价表中相应的电价执行；国家产业政策限制类和淘汰类企业，其电价在浙江省电网销售电价表中相应电价的基础上每千瓦时分别提高 0.10 元和 0.30 元执行。

二、惩罚性电价

惩罚性电价主要对能源消耗超过国家和地方规定的单位产品能耗（电耗）限额标准的产品，实行惩罚性电价。其中超过限额标准一倍以上的，比照淘汰类电价加价标准执行；超过限额标准一倍以内的，比照限制类电价加价标准执行。各市政府经省政府授权后可再制定标准更高的惩罚性电价加价标准。

三、"一户多人口"电价

根据《浙江省物价局关于居民生活用电"一户多人口"有关事项的通知》（浙价商〔2015〕230号），为确保居民生活用电价格政策按要求贯彻落实到位，浙江省行政区域范围内执行"一户一表"居民阶梯电价的城乡居民用电客户可根据条件执行居民家庭"一户多人口"阶梯电价新政策。居民家庭户籍人口（不含迁出、注销人员，下同）达5人及以上的家庭，每月增加100kWh阶梯电价第一档电量指标。户籍人口达7人及以上的家庭，可选择执行居民合表电价。

四、"两保户"优惠电价

根据《国家发展改革委关于居民生活用电试行阶梯电价的指导意见》（发改价格〔2011〕2617号）和《浙江省物价局关于完善居民生活用电阶梯电价政策有关事项的通知》（浙价资〔2012〕169号）精神，对城乡"低保户"和农村"五保户"实行每户每月15kWh的免费用电政策。

五、电动汽车充换电设施价格

（1）居民家庭住宅、居民住宅小区、执行居民电价的非居民用户中设置的充电设施用电，执行居民用电价格中的合表用户电价。其中，不满1kV用户的高峰、低谷电价水平分别为每千瓦时0.588元、0.308元；1～10kV及以上用户高峰、低谷电价在不满1kV用户价格基础上相应降低2分钱执行。

（2）对向电网经营企业直接报装接电的经营性集中式充换电设施用电，执行大工业用电分时电价。2020年前，暂免收基本电费。用电类别选择商业用电，功率因数考核标准按0.85执行。经营性集中式充换电设施用电是指从事电动汽车充换电设施服务的经营性企业向电网经营企业直接单独申请报装接电、对外提供有偿充换电服务的集中式充换电设施用电。报装申请时提供的营业执照中应有"经营性充换电服务"相关内容。

（3）党政机关、企事业单位和社会公共停车场中设置的充电设施用电（非经营性）执行"一般工商业及其他"类用电价格。

（4）对于接在已有表计后面，非单独申请报装的充换电设施用电，仍按原表计电价执行。

≫【技能要领】

一、申请办理一户多人口电价

（1）登录营销业务应用系统，按路径"业务受理≫业务类型选择一户多人口认定申请"，进入一户多人口申请界面，如图1-4所示。

图1-4 一户多人口申请界面

（2）输入用户编号≫回车≫保存信息界面。选择"一户多人口信息界面≫输入对应信息≫保存"，如图1-5所示。

（3）回到用户申请界面≫保存流程≫发送结束，如图1-6所示。

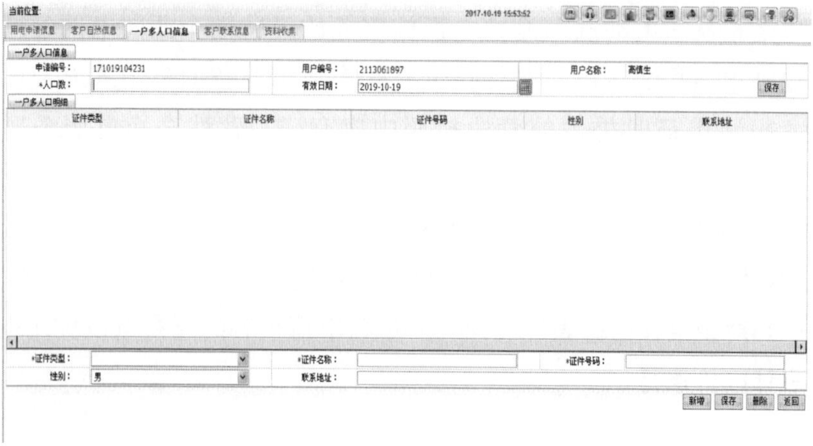

图 1-5　一户多人口申请流程保存界面

图 1-6　一户多人口申请流程发送界面

　　"一户多人口"优惠用电政策，居民家庭人口数量以公安部门颁发的"户口簿"为认定依据，军队士官等户口无法迁入的，根据军队师（旅）级以上单位政治机关出具的证明材料视同户籍管理。集体户口簿、居住证、临时居住证（暂住证明）、学生证、驾驶证等证明材料，不能作为申请增加"一户多人口"阶梯电量基数的依据。

　　居民家庭"一户多人口"阶梯电价调整自办理后 24 个月内有效。相关客户应在到期前 3 个月内到所在地供电营业网点办理续期手续；逾期未办理的，将不再按"一户多人口"政策执行。用户续期成功后有效时间延后 24 个月。

二、一户多人口续期

（1）登录营销业务应用系统，按路径新装、增容及变更用电≫业务受理≫一户多人口续期，进入"一户多人口"续期功能界面，如图 1-7 所示。

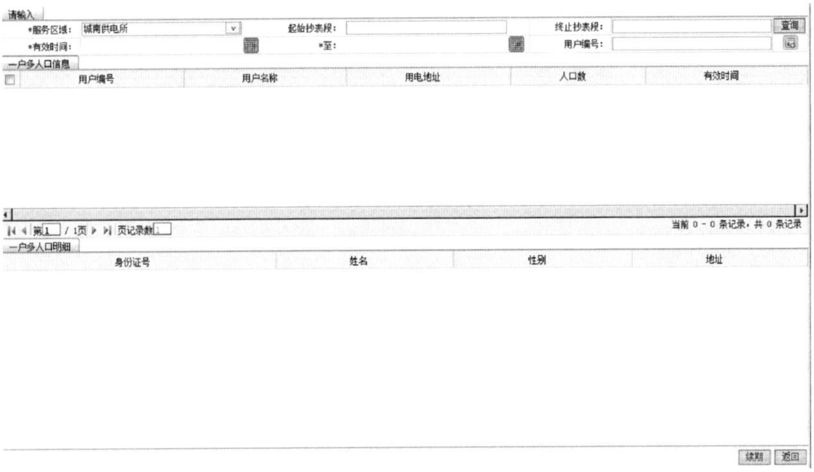

图 1-7 "一户多人口"续期功能界面

（2）查询对应用户信息。录入"有效时间"范围后点击"查询"按钮，也可以通过抄表段或户号限制查询结果，如图 1-8 所示。

（3）选择续期用户。勾选需要续期用户，如需要批量处理则勾选多条，最后续期用户以本次勾选用户为准，如图 1-9 所示。

（4）核对确认用户信息。点击"用户编号"（鼠标变小手形状）可以查看"客户统一视图"，点击"记录其他位置"（鼠标为箭头），在"一户多人口明细"列表中会显示具体用户证件信息，方便进行核对，如图 1-10 所示。

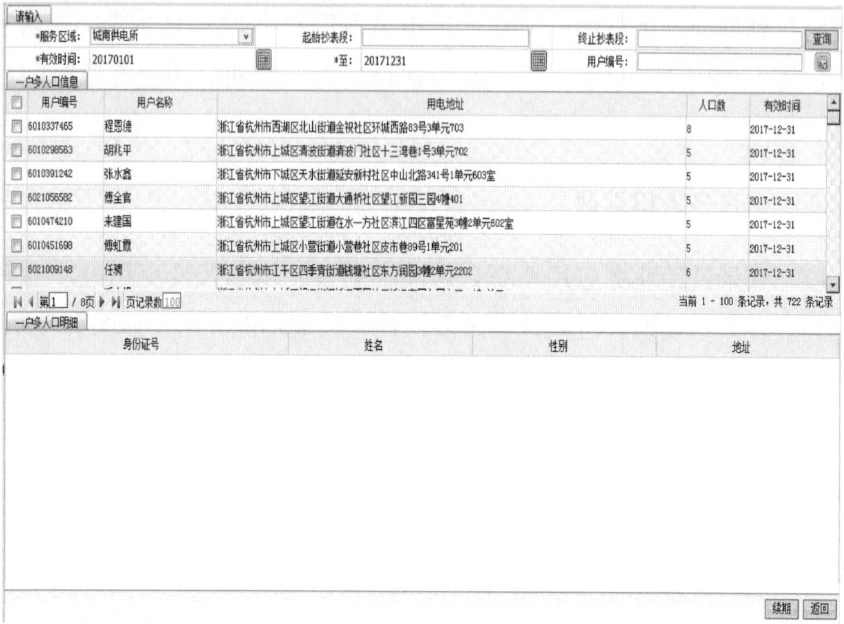

图 1-8　查询对应用户信息界面

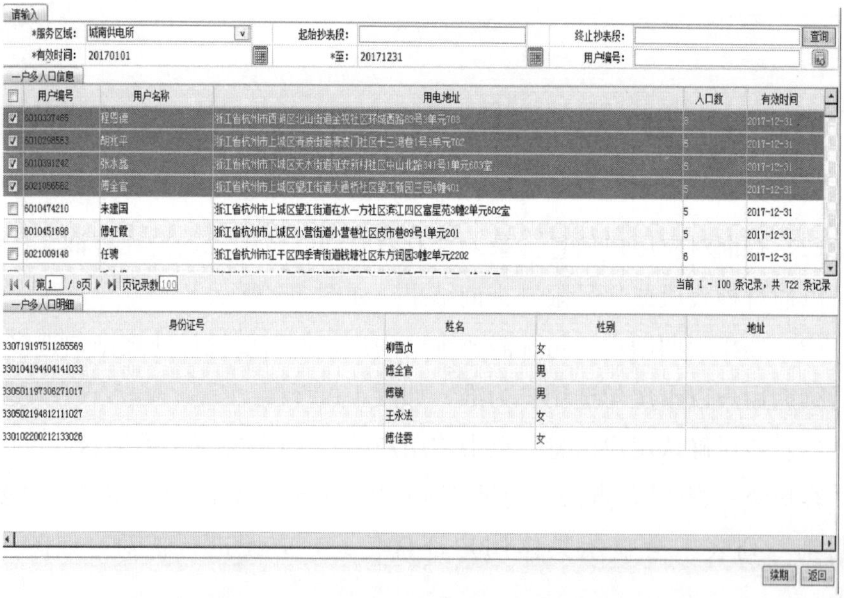

图 1-9　"一户多人口"续期用户选择界面

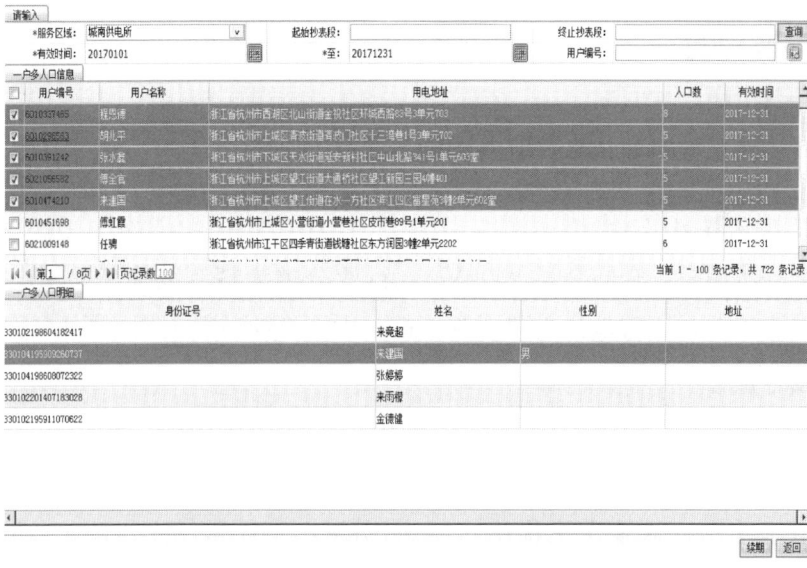

图 1-10 "一户多人口"续期用户核对确认界面

（5）用户续期。用户信息确认无误后点击"续期"按钮，续期成功，如图 1-11 所示。

图 1-11 "一户多人口"续期用户续期发送界面

21

>> 【典型案例】

一、信息核对要认真，取消特价不随意

1. 案例描述

某高压用户，合同容量 800kVA，行业分类为精制茶加工，用电类别为大工业用电，执行电价为"农业生产（农业龙头优待）：1～10kV：三费率：按容量"。

2015 年 5 月 13 日，某供电公司开展用电类别与执行电价不匹配专项稽查，用电检查人员发现该用户用电类别为大工业用电，执行电价为"农业生产（农业龙头优待）：1～10kV：三费率：按容量"，功率因数考核标准为 0.9，认为该用户用电类别与执行电价不匹配，电价有误，当天要求业务受理人员发起改类流程，并在现场查勘环节将原电价调整为"大工业：1～10kV：三费率：按容量"。业务审批人员未发现异常。

5 月 21 日该改类流程流转至信息归档环节，信息归档人员发现该用户为《关于农产品加工型农业龙头企业等用电价格的通知》（浙价商〔2002〕377 号）文件认定的省级外向型龙头企业，应享受农业龙头优待电价，原执行电价正确，要求业务受理人员重新变更电价，该改类流程完成信息归档。

5 月 22 日，业务受理人员发起改类流程，用电检查人员在现场查勘环节将电价重新修改为农业生产（农业龙头优待）电价，但认为农业生产用户功率因数考核标准应执行 0.8，用电类别应改为农业生产用电。在做出上述修改后，流程流转至业务审批环节，业务审批人员仍未发现异常，5 月 27 日流程流转至信息归档环节，信息归档人员再次发现异常，要求再次发起整改。

5 月 28 日，业务受理人员再次发起改类流程，修改用电类别为大工业用电，功率因数考核标准为 0.9，流程正常归档。

2．原因分析

（1）用电检查人员岗位失职，对政府电价文件理解不到位，电价标准、功率因数考核标准、用电类别等重要信息随意更改。

（2）业务审批人员未认真履行审批职责，对业务变更流程执行电价、功率因数考核标准等重要参数审核把关不足，造成差错问题连续发生。

3．防控措施

（1）加强对电价文件的宣贯培训，特别是农业龙头优待、部队狱政等特殊电价规定，确保用电检查人员、业务受理人员等涉岗人员应知应会。

（2）加强对业务变更流程修改的重要参数的审核，如执行电价、功率因数考核标准等的审核把关，确保变更流程参数正确。

二、电价理解不透彻，执行错误易投诉

1．案例描述

2015 年 9 月 30 日，某农村污水微动力处理用户申请低压非居民新装立户，查勘人员现场查勘后，在勘查确定方案（配表）环节，将用户用电类别选为"非工业"，行业分类选为"污水处理及其再生利用"，电价选为"一般工商业及其他"。

10 月 13 日，信息归档人员在新装流程信息归档审核过程中，发现该污水处理用户应执行"居民生活（合表）"电价，但错误执行"一般工商业及其他"电价。

10 月 14 日，用电检查人员发起改类流程将电价变更为"居民生活（合表）"。

2．原因分析

查勘人员违反《关于完善农业生产用电价格等有关事项的通知》（浙价资〔2015〕114 号）中规定，对不纳入城镇污水管网的农村污水微动力处理设施用电以及农村生活垃圾资源化处理设施用电，按居民生活用电（合

23

表）电价执行。

3. 防控措施

加强电价文件的宣贯，确保所有相关业务人员认真掌握并正确执行《关于完善农业生产用电价格等有关事项的通知》（浙价资〔2015〕114 号）等文件精神，确保农村污水微动力处理用户电价执行正确。

项目二

抄　　表

>> 【项目描述】 本项目包含远程抄表、现场补抄和周期核抄三方面内容，通过知识要点介绍、技能要领解说、典型案例分析，了解抄表工作相关的业务知识；熟悉抄表业务操作流程和工作规范；掌握抄表工作中存在的薄弱点，并如何做好防范措施等内容。

任务一 远 程 抄 表

>> 【任务描述】 本任务主要讲解抄表段管理、抄表周期和抄表例日管理、抄表方式和采集方式等内容。读者通过对这些知识的学习，能够熟悉并掌握抄表段维护申请、调整客户抄表段申请、智能抄表段维护等系统流程。

>> 【知识要点】

一、抄表段管理

抄表段是对客户和考核计量点进行抄表的一个管理单元，其设置应遵循抄表效率最高原则，综合考虑客户类型、抄表例日、抄表方式、地理分布、客户数量、便于线损管理等因素，设置时执行以下规定：

（1）压缩抄表段数量，单个抄表段的客户数以不大于 1000 户为宜。

（2）对存在转供关系的客户，转供客户和被转供客户应设置在同一抄表段，除转供客户和对应的被转供客户外，不允许存在高低压混合抄表段。

（3）趸售、发电客户、分次结算客户、市场化售电客户、直接交易客户等特殊客户需单独设抄表段。

二、抄表周期

抄表周期即为抄表人员到客户处抄表的间隔时间。

客户的抄表周期应设置为每月一次，即"按月抄表"。对高压客户、低压临时用电客户、租赁经营客户以及交纳电费信用等级较差的客户，可每个月分成若干次抄表，各次抄表日必须安排在应收电费发生的日历月内。

同一个抄表段客户的抄表周期、抄表例日应相同。基于集抄集收全覆盖、全采集后，浙江省低压客户采用 1 号零点电能表冻结数作为当月的抄表示数用于结算电费；高压客户根据供用电合同约定的抄表时间抄录电表电量用于结算电费。

对高压新装客户应在接电后的当月进行抄表。对在新装接电后当月抄表确有困难的其他客户，应在下一个抄表周期内完成抄表。

三、抄表例日管理

抄表例日设置遵循以下原则：

（1）低压客户抄表时间统一为月初 1 日，采用每个用户 1 日零点电能表冻结数作为当月的抄表示数。

（2）受电容量在 315kVA 及以上高压客户结算抄表例日应安排在每月的 20 日至月末之间。其他高压用户抄表例日可设置在每月 10～15 日之间。

（3）按照最大需量计收基本电费的两部制客户的抄表例日应与表计冻结日保持一致，其抄表例日必须安排在每月 20 日或 25 日。

（4）趸售关口的抄表例日安排在每月月末 24 点。

四、抄表方式

随着计算机技术、通信技术的不断发展和应用，抄表的方式也随之变化，由传统的手工抄表到现在的自动化远程抄表。现有抄表方式如下：

1. 手工抄表

由抄表人员现场手工记录客户抄表数据以及在抄表过程中发现的异常情况，抄表完成后人工将数据录入营销业务应用系统。

2. 抄表机抄表

根据抄表任务安排，下载客户信息后抄表人员持抄表机到现场抄表，抄表完成上传抄表数据，并将现场发现的异常情况反馈到相关部门。

3. 自动化远程抄表

自动化远程抄表，是利用营销业务应用系统，针对已经实施采集装置覆盖的客户，在抄表任务规定的计划抄表例日和周期，从用电信息采集系统获取客户电能表示数。

五、采集方式

低压采集方式可按通信方式分为以下三种：

（1）专用的采集器后通过 RS485 线与表计进行连接，并通过专用光纤网络上传数据。

（2）Ⅱ型集中器通过 RS485 线与表计进行连接，利用 GPRS/CDMA 无线公网上传采集数据，通常 1 只无线采集器承担 10～32 只表计。

（3）载波采集是在每只表计侧安装 1 只载波采集器，在同一个台区下安装 1 只集中器，集中器与采集器的本地通信采用电力线路载波。

》【技能要领】

一、抄表段维护

1. 抄表段维护申请

进入"营销业务应用系统≫抄表管理≫抄表段管理≫抄表段维护申请"中，可以看到下拉框出现新户分配抄表段、调整客户抄表段、抄表段维护申请等界面，如图 2-1 所示。

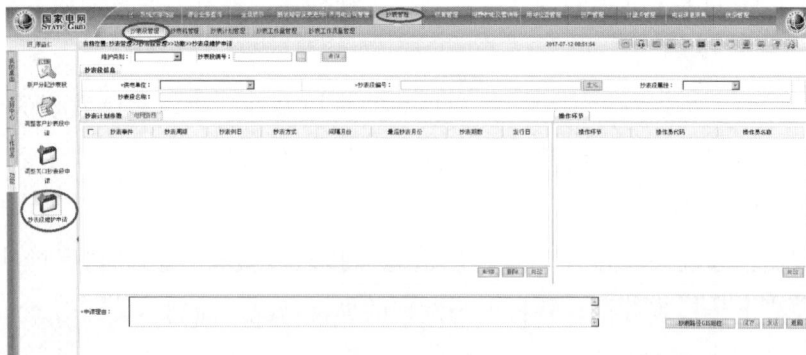

图 2-1　抄表段管理界面

可以根据工作需要，对抄表段进行新建、调整、注销等功能的维护，如图 2-2 所示。

图 2-2　抄表段管理功能选择界面

新建抄表段，应选择供电服务区，填写抄表段名称、属性等内容，生成抄表段，如图 2-3 所示。

图 2-3　新建抄表段操作界面

在图 2-4 所示界面上，将该抄表段的抄表事件、抄表周期、抄表例日、抄表方式、间隔月份、最后抄表年月等维护完整，并修改相关责任人。抄表段一经设置，应相对固定。

图 2-4　抄表段管理具体内容选填界面

新建、调整、注销抄表段，须履行审批手续，写明申请理由，保存、发送，审批结束，如图 2-5 所示。

图 2-5　抄表段管理保存发送界面

2. 调整客户抄表段申请

一般而言，对同一抄表段内客户，应以抄表顺序统一编排页码，一个户号对应一个页码，不得重码。根据抄表执行反馈的情况，如实际抄表路线、抄表工作量、抄表区域或行政区域重新划分、配电变压器台区变更等，调整抄表段时应不影响相关客户正常的电费计算。进入"营销业务应用系统≫抄表管理≫抄表段管理≫调整客户抄表段申请"后，输入待调整用户所在抄表段编号，点击"查询"，输入目标抄表段编号，点击"查询"，如图 2-6 所示。

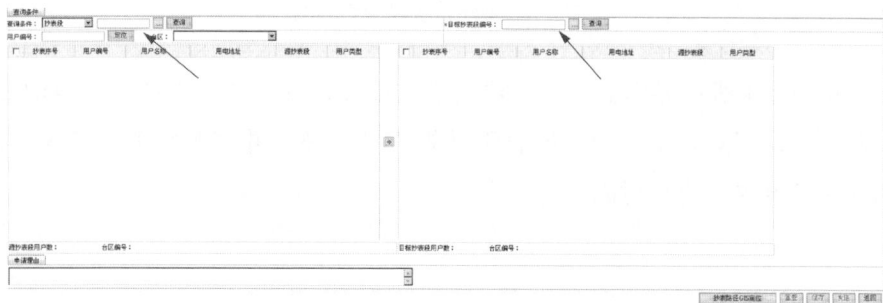

图 2-6　调整客户抄表段申请操作界面

选择需要调整的用户户号，点击红色箭头添加后，保存、发送即可完成，如图 2-7 所示。

另外，抄表工作应实施不定期轮换抄表原则，除远程自动抄表方式外，同一抄表员对同一抄表段的抄表时间最长不得超过 2 年。

二、抄表前准备

1. 自动抄表段维护

抄表员应知晓自动抄表维护对完成远程抄表的重要性，进入"营销业

图 2-7 调整客户抄表段确认发送界面

务应用系统≫抄表管理≫抄表段管理≫自动化抄表段维护"后，选择抄表
段，并将其添加到自动抄表，如图 2-8 所示。完成抄表段维护后，就实现
了每月抄表计划自动发起。

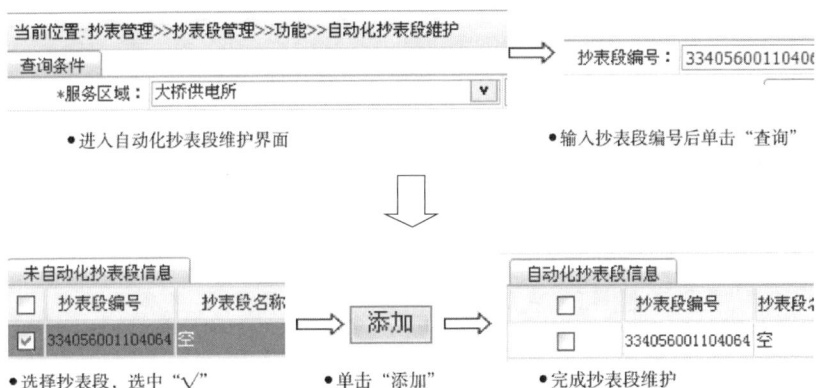

图 2-8 自动抄表段维护流程图

2. 智能抄表段维护

为实现智能机器人核算，抄表员应知晓智能抄表段维护的必要性，进
入"营销业务应用系统≫智能抄核管理≫智能化抄表管理≫功能≫智能核算
抄表段维护"后，进入智能核算维护界面，输入供电单位、抄表段编号，
点击"查询"，如图 2-9 所示。通过该项操作，抄表计划可实现智能机器人
核算。

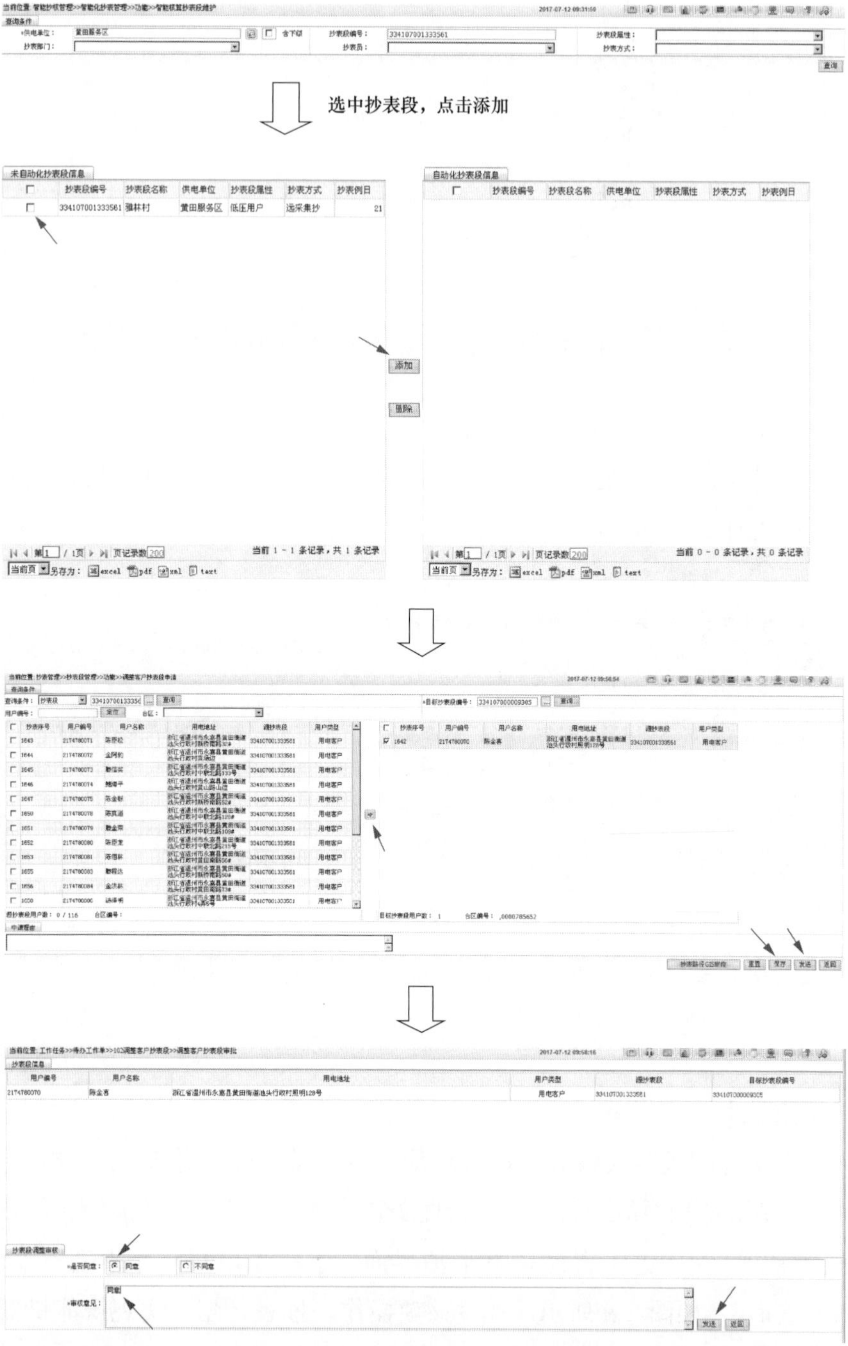

选中抄表段，点击添加

图 2-9　智能抄表段维护流程图

≫【典型案例】

一、集抄失败未补抄，电量积压引投诉

1. 案例描述

某××供电营业所一出租房户，因采集器故障导致远程抄表失败，现场补抄环节抄表员未到现场，直接按零电量估抄，因此该客户3月份、5月份抄表均未产生电费（两月抄表），之后6月10日安排特定抄表结算了前4个多月的电量，共计电费1285.25元。而房东周女士的水电费等都由承租户自行交费，5月份前租户已经退租，相关费用已经结清，搬出后尚未有人入住，怎么突然冒出这么多电费？周女士一怒之下向95598投诉。

2. 原因分析

首先，抄表制度执行不严格，现场补抄不到位。远程自动抄表失败时，对自动抄表失败的客户，及时安排现场补抄，抄表员须在抄表例日当天持抄表机进行现场补抄。

其次，采集器故障处理不及时，故障时间长达4个多月，导致后期电量积压，客户投诉。

3. 防控措施

严格执行抄表制度。杜绝自动抄表失败，不到现场补抄，而直接按零电量任意估抄等抄表不到位的现象。

严把电费核算审核关，确保电费核算工作质量，发现零电量用户，第一时间通知抄表人员重新复核电量数据。

二、严格执行规定，严禁估抄电量

1. 案例描述

在居民抄表例日，系统自动获取远程数据失败后，拆分工单到抄表员张某的账号下，张某发起现场补抄流程后，因天气原因不便出门，没有按规定进行现场红外抄表，而是对客户王某的电能表指示数进行估测，超出实际电量300kWh，达到了客户平均月用电量的2倍多。当客户接到催交电费通知单后，与抄表员联系要求更正，但抄表员以工作忙为由，未能进行及时处理客户诉求，引起客户不满而拨打95598热线投诉。

2. 原因分析

（1）抄表员张某主动服务意识薄弱，工作态度、责任心等也有待进一步提高，同时，规章制度执行不严，业务技能掌握不熟练，未能真正将优质服务落实到思想和行动上。

（2）对客户诉求响应处理不及时。抄表员张某对事态发展可能带来的影响估计不足，认识不深刻，客户诉求处理不及时，失去了正确处理的最佳时机，从而引起客户不满，造成客户投诉。

（3）电费核算工作质量不高，未能及时发现电量异常，通知抄表员重新复核电量数据。

3. 防控措施

（1）进一步加强抄表收费人员主动服务意识教育和思想教育，强化业务技能学习培训，严格要求抄表收费人员按标准在规定的日期抄录计费电能表读数，不得估抄、漏抄。

（2）真心实意为客户着想，尽量满足客户的合理要求。对客户的咨询、投诉等不推诿、不拒绝、不搪塞、及时、耐心、准确地给予解答。

（3）严把电费核算审核关，确保电费核算工作质量，发现异常电量，第一时间通知抄表人员重新复核电量数据。

任务二 现 场 补 抄

≫【任务描述】 本任务主要讲解现场补抄相关内容。读者通过对这些知识的学习，能够了解现场补抄要求、抄表工作规范知识；熟悉抄表数据处理；掌握电能计量装置、采集常见故障。

>> 【知识要点】

一、现场补抄要求

对自动抄表时系统无法获取抄表数据的客户，应发起现场补抄流程。抄表员在收到补抄、核抄流程后，应在24h内完成现场补抄、异常核实工作，以满足抄表准时率要求。对需要现场补抄的客户，抄表员在现场补抄数据下装前，应对补抄客户再次获取采集数据，对仍无法获取数据的客户下装到抄表机进行现场补抄。需要异常核抄的客户，抄表员应首先对异常客户进行分析核实，确认数据错误时，进行现场核实，并根据现场核抄数据修改抄表示数，将核查结果反馈自动抄表责任班组。

二、抄表工作规范

现场抄表时，抄表员应使用抄表机，逐户对客户计费电能表的所有计度器示值进行抄录。现场抄表工作必须遵循电力安全生产工作的相关规定，严禁违章作业。需要到客户门内抄录的，应出示工作证件，遵守客户的出入制度。

（1）抄表员进行责任抄表段的数据下装工作时，应做好抄表机与服务器的对时工作，并与机外时钟进行核对。

（2）抄表员在抄表出发前，应检查下装的数据是否完整正确、抄表机及辅助设备是否完好、电池是否充足等，特别记录本月新调入的客户信息。

（3）抄表员开展现场抄表工作时，不得脱离现场进行估抄，避免漏抄、错抄，应在抄表机中记录抄见类型（正常、门闭、故障、局号不符、无表等）。

（4）抄表员开展现场抄表工作时，必须认真核对客户电能表箱位、表位、表号、倍率等信息。

（5）现场抄表一律使用具有红外获取数据功能的抄表机抄表，除发生数据读取异常外，不得采用手工方式录入数据，并应在现场完成电能表计度器显示数据与红外抄见数的核对工作。当红外抄见数据与现场不符时，以现场抄见读数为准，并做好相关记录。

（6）对自动抄表异常客户异常核抄时，如现场抄见读数与远程获取读数不一致时，以现场抄见读数为准。

（7）抄表员到现场抄表应进行电能表校时。

（8）抄表员现场抄表出现红外通信故障、表计显示故障、表计示数与红外抄见数不一致、时钟失准无法完成校时等情况时，应及时通知相关责任班组进行处理。

三、抄表数据规定

抄表数据应抄录电能表能显示的所有整数和小数，对倍率为 1 的只抄录整数位（"截尾"），对实行功率因数调整电费考核客户的无功电量按照四个象限进行抄录。需量客户正常抄表例日抄表应抄录上月最大需量值，变更特定抄表应抄录表计当前最大需量值。需量示数应抄录整数及后 4 位小数。

≫【技能要领】

一、电能计量装置常见故障

1. 电能表告警类

（1）继电器回路故障（Err-01）。

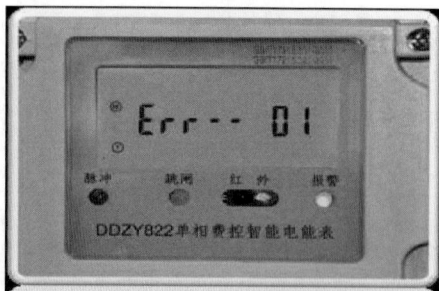

图 2-10　继电器回路故障图示

故障现象：液晶屏显示 Err-01，报警灯亮，如图 2-10 所示。

常见原因：①继电器控制程序与继电器运行状态不符合；②继电器故障。

处理方法：更换电能表。

备注：一般不涉及计量准确性。

（2）密钥验证失败（Err-02）。

故障现象：在拉、合闸时液晶屏显示 Err-11 且 10s 后消失，然后液晶显示 Err-02，报警灯亮，如图 2-11 所示。

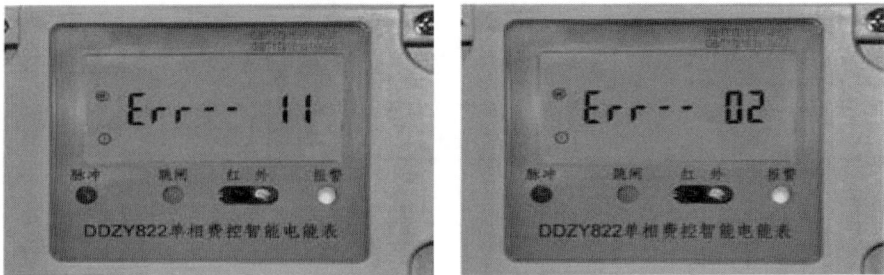

图 2-11 密钥验证失败图示

常见原因：①ESAM 芯片损坏；②ESAM 模块程序未复位。

处理方法：一般情况下电能表重新上电后即可恢复正常。如重新上电仍显示 Err-02，则需更换电能表。

备注：一般不涉及计量准确性。

（3）时钟电池欠压（Err-04）。

故障现象：液晶屏显示 Err-04，报警灯亮；电能表电池符号闪烁，或在电网停电情况下，电能表无法触发显示，如图 2-12 所示。

常见原因：①电能表时钟芯片功耗较大；②电能表存储环境温度、湿度长期超标；③电池故障。

处理方法：更换电能表。

备注：一般不涉及计量准确性。

（4）存储器故障（Err-06）。

故障现象：液晶屏显示 Err-06，报警灯亮；失电后重新上电，则显示乱码，如图 2-13 所示。

常见原因：电网谐波或外电（磁）场引起存储器损坏。

处理方法：在电能表失电前，立即记录电能表数据，以防表计数据丢失，然后更换电能表。

图 2-12　时钟电池欠压图示　　　　图 2-13　存储器故障图示

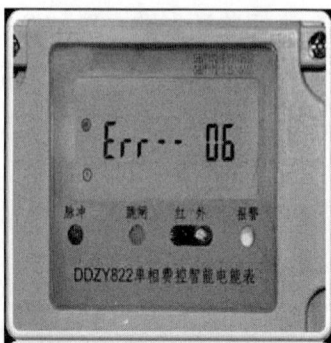

（5）时钟失准（Err-08）。

故障现象：液晶屏显示 Err-08，报警灯亮；电能表时钟出现乱码，时间误差大，如图 2-14 所示。

常见原因：①晶振频率误差大或晶振损坏；②时钟芯片虚焊。

处理方法：更换电能表。

（6）用电负荷过载（Err-51）。

故障现象：液晶屏显示 Err-51，报警灯亮，如图 2-15 所示。

图 2-14　时钟失准图示　　　　　图 2-15　用电负荷过载图示

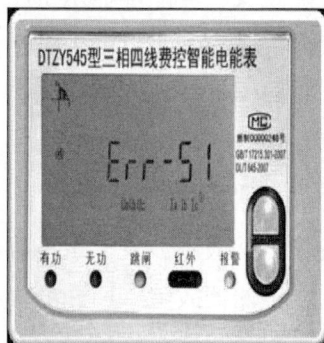

常见原因：用电负荷过载。

处理方法：客户控制用电功率或办理增容手续。

（7）三相用电电流严重不平衡（Err-52）。

故障现象：液晶屏显示 Err-52，报警灯亮，如图 2-16 所示。

常见原因：客户三相用电电流（负荷）严重不平衡。

处理方法：客户调整三相用电负荷。

备注：一般不涉及计量准确性。

（8）过电压（Err-53）。

故障现象：液晶屏显示 Err-53，报警灯亮，如图 2-17 所示。

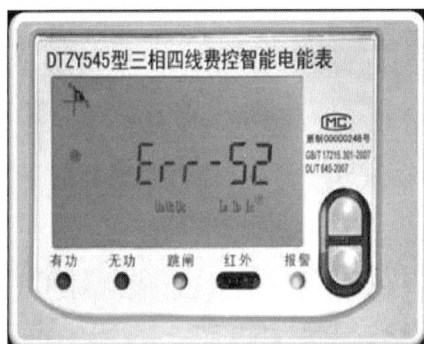

图 2-16　三相用电电流严重不平衡图示　　　　图 2-17　过电压图示

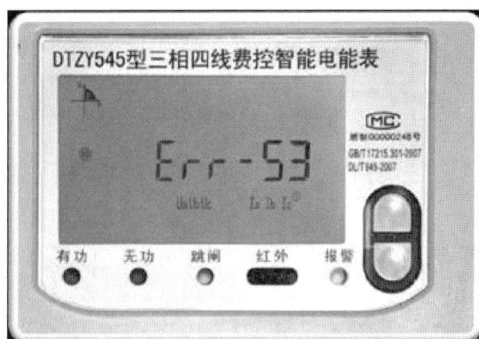

常见原因：电源过电压。

处理方法：查找电源过电压原因，并消除。

备注：一般不涉及计量准确性。

（9）功率因数超限（Err-54）。

故障现象：液晶屏显示 Err-54，报警灯亮，如图 2-18 所示。

常见原因：用电功率因数超限。

处理方法：查找功率因数超限原因，并消除。

备注：一般不涉及计量准确性。

2. 电能表故障类

（1）液晶黑屏。

故障现象：正常上电状态下，液晶无显示，如图 2-19 所示。

常见原因：①液晶驱动芯片未工作；②液晶屏损坏；③CPU 损坏。

处理方法：更换电能表。

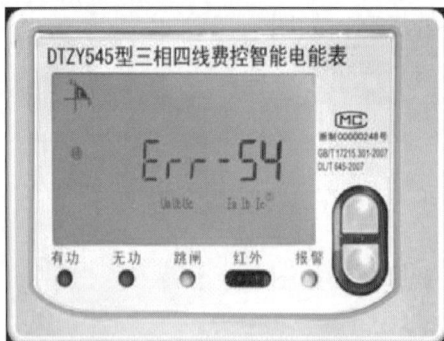

图 2-18 功率因数超限图示

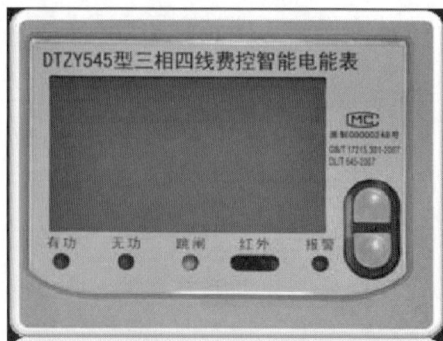

图 2-19 液晶黑屏图示

（2）液晶显示乱码。

故障现象：液晶显示乱码，如图 2-20 所示。

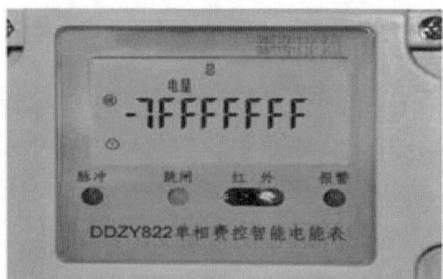

图 2-20 液晶显示乱码图示

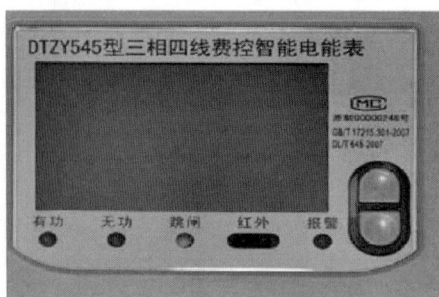

图 2-21 电能表死机图示

常见原因：①液晶显示器管脚虚焊；②液晶显示器笔画段损坏；③液晶驱动芯片或贴片电阻损坏。

处理方法：更换电能表。

（3）电能表死机。

故障现象：电能表通电后，液晶显示器无反应（死机），或显示停滞，或数据乱跳，如图 2-21 所示。

常见原因：①采样回路元件虚焊或损坏；②程序出错。

处理方法：更换电能表。

（4）电能表抄见电量与实际用电情况有明显差异。

故障现象：电能表抄见电量与客户实际用电情况明显不符，如图 2-22 所示。

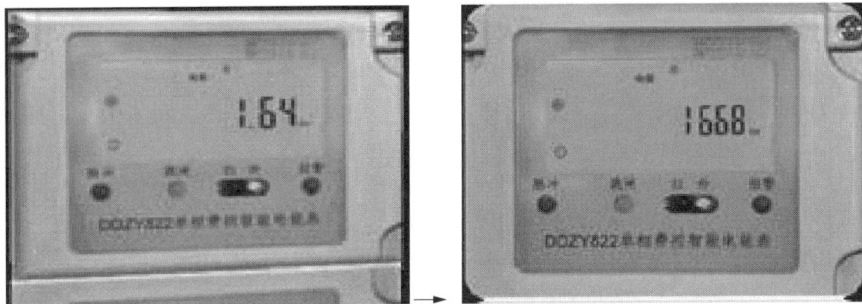

图 2-22 电能表抄见电量与实际用电情况有明显差异图示

常见原因：①计量芯片损坏；②采样回路元件虚焊或损坏。

处理方法：①检查客户用电负荷与电能表显示功率是否一致。②判断表计脉冲常数是否正确，如电表脉冲常数为 1200 脉冲/（kWh）时，输出 12 个脉冲，电量应增加 0.01kWh，则脉冲常数正确。③用瓦秒法粗略判断计量是否准确，即在用电负荷恒定的情况下，应满足下式。电能表显示功率的计算公式为

$$P(\mathrm{kW}) = \frac{N(\text{脉冲数}) \times 3600}{C(\text{电表脉冲常数}) \times T(\text{起止脉冲输出时间},\mathrm{s})}$$

上述判断任何一个有问题，均应换表。

（5）电能表不计量。

故障现象：客户在正常用电情况下，电能表脉冲灯不闪，电量无累加；或脉冲灯闪烁、电量无累加，如图 2-23 所示。

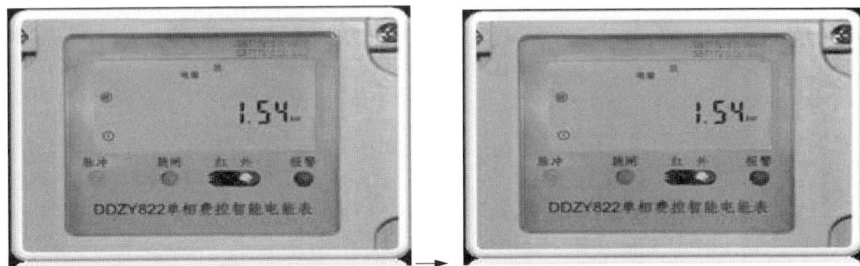

图 2-23 电能表不计量图示

41

常见原因：一般为计量芯片损坏。

处理方法：排除窃电及错接线可能后，更换电能表。

3. 计量装置接线故障类

（1）单相电能表进出线接反。

故障现象：①电能表电流指示反向；②用掌机读取电能表正向有功电量示度为 0、反向有功电量示度不为 0；③通过采集系统抄表电量示度为 0。如图 2-24 所示。

常见原因：一般为单相电能表进出线接反。

处理方法：更正接线或换表，更正系数 $K=-1$。

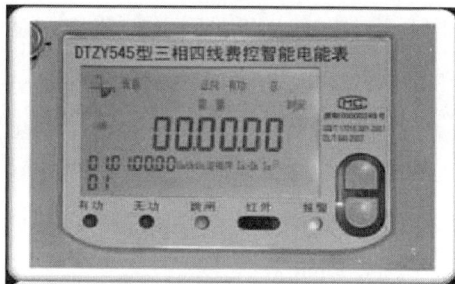

（2）三相四线电能表电压回路正常，一相电流反接。

故障现象：①电能表液晶显示一相电流为负，逆相序告警闪烁，报警灯亮；②电能表按显电压正常，电流一相为负，有功总功率约等于 $UI\cos\varphi$。如图 2-25 所示。

图 2-24　单相电能表进出 　　　　图 2-25　三相四线电能表电压回路正常，
线接反图示 　　　　　　　　　　一相电流反接图示

常见原因：在三相四线电能表电压回路正常、三相负荷平衡情况下，可判定带负号的一相电流反接。

处理方法：①检查客户是否正在使用电焊机等特殊性质负荷；②将三相四线电能表反接电流相的进出线交换。更正系数 $K=3$。

（3）三相四线电能表电压回路正常，两相电流反接。

故障现象：①电能表液晶显示两相电流为负，逆相序告警闪烁，报警灯亮；②电能表按显电压正常，电流两相为负，有功总功率约等于 $-UI\cos\varphi$。如图 2-26 所示。

常见原因：在三相四线电能表电压回路正常、三相负荷平衡情况下，可判定带负号的两相电流反接。

处理方法：将三相四线电能表反接两相电流相的进出线交换，更正系数 $K=-3$。

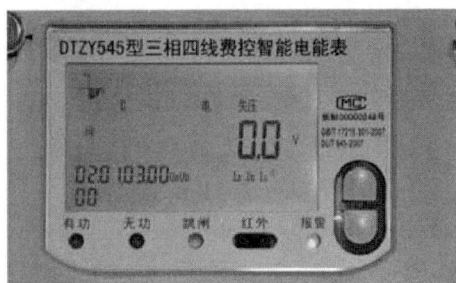

（4）三相四线电能表电流回路正常，电压回路有一相无电压。

故障现象：①电能表液晶显示电压少一相或闪烁，报警灯亮；②电能表按显三相电流正常，电压一相约为 0，有功总功率约等于 $2UI\cos\varphi$。如图 2-27 所示。

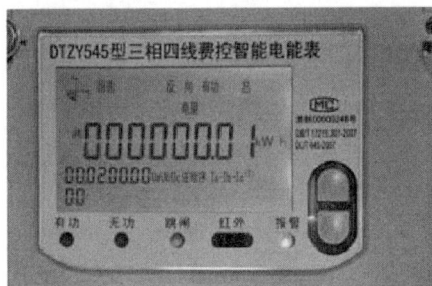

图 2-26　三相四线电能表电压回路　　　图 2-27　三相四线电能表电流回路正常，
　　　正常，二相电流反接图示　　　　　　　电压回路有一相无电压图示

常见原因：在三相四线电能表电流回路正常，三相负荷平衡情况下，可判定一相电压缺相。

处理方法：排除故障，更正系数 $K=1.5$。

（5）三相三线电能表 a 相电流反接。

故障现象：①电能表液晶显示 a 相电流为负，报警灯亮；②电能表按显电压正常，电流 a 相为负，有功总功率约等于 $UI\sin\varphi$（注意：当 $\varphi>60°$ 时，表计正常接线情况下，表计上有 a 相电流负号指示，为正确接线）。如图 2-28 所示。

常见原因：在三相三线电能表电流回路正常，三相负荷平衡，感性负载情况下，可判定三相三线电能表 a 相电流反接。处理方法：将三相三线电能表 a 相电流的进出线进行交换。更正系数 $K = \sqrt{3}\text{ctan}\varphi$。

（6）三相三线电能表 c 相电流反接。

故障现象：①电能表液晶显示 c 相电流为负，报警灯亮；②表计按钮显示电压正常，电流 c 相为负，有功总功率约等于 $-Ui\sin\varphi$［注意：当 $\varphi > 60°$（容性）时，表计正常接线情况下，表计上有 c 相电流负号指示，为正确接线］，如图 2-29 所示。

图 2-28 三相三线电能表 a 相电流反接图示　　图 2-29 三相三线电能表 c 相电流反接图示

常见原因：在三相三线电能表电压回路正常，三相负荷平衡，感性负载情况下，可判定三相三线电能表 c 相电流反接。处理方法：将三相三线电能表 c 相电流的进出线进行交换。更正系数 $K = -\sqrt{3}\text{ctan}\varphi$。

（7）三相三线电能表电流回路正常，电压回路 a、c 相互换。

故障现象：①电能表液晶显示 a 相电流为负，逆相序告警闪烁，报警灯亮；②电能表按显电压正常，电流 a 相为负，有功总功率约等于 0。如图 2-30 所示。

常见原因：在三相三线电能表电压回路正常，三相负荷平衡，感性负载情况下，可判定三相三线电能表电压回路 a、c 相互换。

处理方法：将三相三线电能表 a、c 相电压进行交换。退补电量按实际负荷计算。

（8）三相三线电能表 a 相电压断。

故障现象：①电能表液晶电压 Ua 无显示或闪烁，报警灯亮；②表计按钮显示电流正常，a 相电压为 0 或较正常值显著降低。如图 2-31 所示。

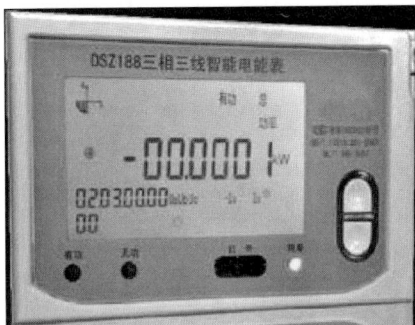

图 2-30　三相三线电能表电流回路正常，　　　图 2-31　三相三线电能表 a 相
　　　　电压回路 a、c 相互换图示　　　　　　　　　　电压断图示

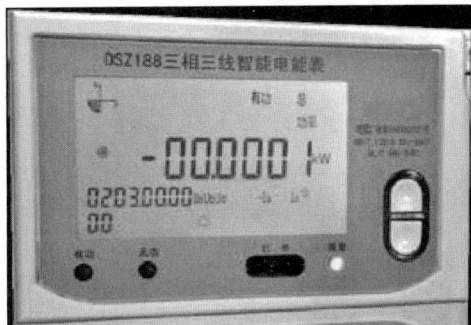

常见原因：一般情况下为高压互感器高压侧 a 相熔丝熔断引起。处理方法：更换互感器高压侧 a 相熔丝，三相负荷平衡情况下更正系数 $K=\dfrac{2\sqrt{3}}{\sqrt{3}+\tan\varphi}$。

（9）三相三线电能表 b 相电压断。

故障现象：①电能表液晶电压 Ub 无显示或闪烁，报警灯亮；②电能表按钮显示电流正常，a、c 相电压较正常值显著降低。如图 2-32 所示。

常见原因：一般情况下为高压互感器高压侧 b 相熔丝熔断引起。

处理方法：更换互感器高压侧 b 相熔丝，三相负荷平衡情况下更正系数 $K=2$。

（10）三相三线电能表 c 相电压断。

故障现象：①电能表液晶电压 Uc 无显示或闪烁，报警灯亮；②电能表按显电流正常，c 相电压为 0 或较正常值显著降低。如图 2-33 所示。

常见原因：一般情况下为高压互感器高压侧 c 相熔丝熔断引起。

处理方法：更换互感器高压侧 c 相熔丝，三相负荷平衡情况下更正系数 $K=\dfrac{2\sqrt{3}}{\sqrt{3}+\tan\varphi}$。

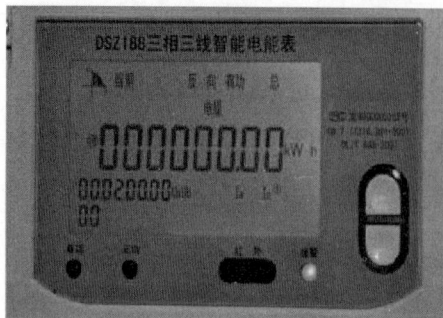

图 2-32　三相三线电能表 b 相电压断图示　　图 2-33　三相三线电能表 c 相电压断图示

二、常见采集故障

1. 信号灯和在线灯均不亮

信号灯和在线灯均不亮，如图 2-34 所示。

常见原因：SIM 卡未装或接触不良或失效，采集器通信模块故障。

处理方法：检查 SIM 卡是否安装到位，检查 SIM 卡是否有卡触点并重新安装，更换 SIM 卡或采集器通信模块。

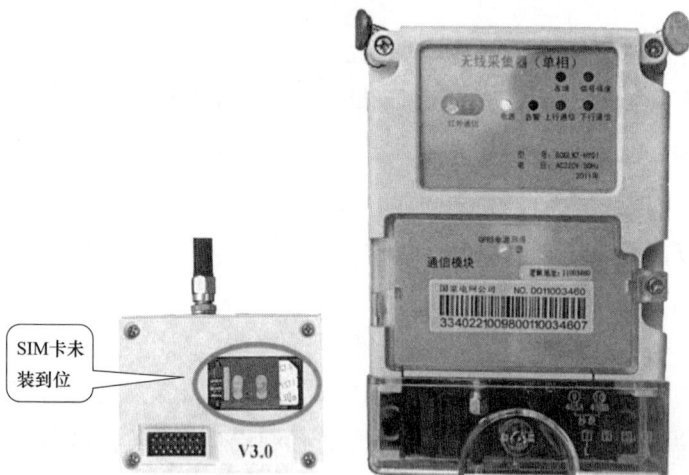

图 2-34　信号灯和在线灯均不亮图示

2. 信号灯和在线灯均有显示

信号灯和在线灯均有显示，如图 2-35 所示。

常见原因：SIM 卡未开通或周边环境 GPRS 信号弱。

处理方法：查看周边环境采取加强信号措施，重启采集器，检查并更换 SIM 卡。

3. 信号灯红色或橙色而在线灯亮

信号灯红色或橙色而在线灯亮，如图 2-36 所示。

常见原因：通信信号弱。

处理方法：检查天线接触是否良好，更换专频天线或加装有源天线，将天线移到信号较好的位置，加强网络覆盖。

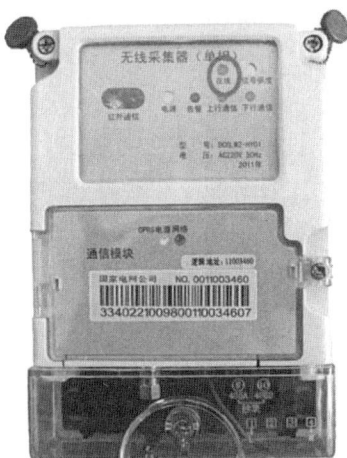

图 2-35 信号灯和在线灯均有显示图示

4. 下行通信灯常亮

下行通信灯常亮，如图 2-37 所示。

常见原因：RS485 通信短路。

处理方法：重新连接或更换 RS485 通信线，更换相应故障电表或采集器。

图 2-36 信号灯红色或橙色而在线灯亮图示

图 2-37 下行通信灯常亮图示

5. 所有指示灯都不亮

所有指示灯都不亮，如图 2-38 所示。

常见原因：采集器未上电或采集器电源模块损坏。

处理方法：将采集器通电或更换故障采集器。

6. 采集器显示正常但与主站无通信

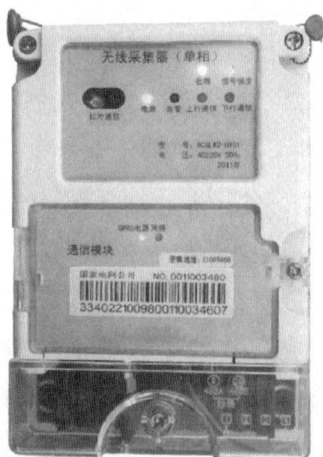

采集器显示正常但与主站无通信，如图 2-39 所示。

图 2-38 所有指示灯都不亮图示   图 2-39 采集器显示正常但与主站无通信图示

常见原因：采集器通信协议无效或 SIM 卡 IP 地址捆绑无效或死机。

处理方法：修改通信协议，重新分配 SIM 卡 IP 地址，重启或更换采集器。

≫【典型案例】

一、抄表串户致投诉，信息核对很重要

1. 案例描述

某供电所收到客户投诉，反映某电力客户家一直没有人住但是当月产生了 3000 多元电费，用户非常不满。经核实发现，该电力客户近期远程采集数据为空白，当月抄表方式为手工抄表，后到现场发现该客户抄见示数

与其隔壁邻居电能表上示数相近，而其隔壁邻居本月同样为手工抄表，且电费为0。经过抄表员核对，确认是到现场补抄时发现表计故障无法实现红外抄表，所以手工输入了电量，由于没有看清楚表计资产编号，导致手工录入电量串户。

2. 原因分析

本案例中抄表员现场抄表时，只核对了用电地址，却未按规定"认真核对客户电能表箱位、表位、表号、倍率等信息"，导致现场电能表"串户"却未能及时发现，直至客户投诉。实际中某些抄表员坚持个人习惯，从不核对电能表信息，导致某些老的小区客户电能表串户、电费错收等问题长期不被发现。

当客户反映电费信息与本人用电量情况不符的，抄表员应注意是否存在"串户"，不能对客户一味地敷衍塞责。同时，抄表员不应坐等客户到客户投诉再行解决，而应主动发现问题，杜绝类似现象的发生。

3. 防控措施

近年来，由于历史遗留问题，"串户"现象时有发生，有的甚至直到媒体曝光后才被发现。因此，为防患于未然，首先应从源头上坚决杜绝，装表人员必须严格按照装接单安装电能表，务必保证接线正确，核实无误，而抄表员也应严格按规定做好日常抄表工作。

首先，抄表员应严格按规定，"核对客户电能表箱位、表位、表号、倍率等信息"，即主要核对电能表表号、户号等信息，抄表机内与现场是否一致。

其次，针对老旧小区，做一次彻底的"串户"大排查，核对抄表机内电能表表号、户号等信息与现场是否一致。一旦发现确实存在"串户"问题，应及时处理。

最后，要做好表计轮换和拆表冲突等引起的电量错误问题。

二、正常用电无电量，表计错接惹的祸

1. 案例描述

某供电所抄表员到现场开展周期核抄时，发现某用户家里有人在，但

掌机上显示上月电量和本月电量均为 0。该抄表员觉得蹊跷，回所里后查询该用户每日抄表电量为 0，于是将该问题向所里用检人员进行了汇报。用检人员到现场核查发现该用户表计进户线接反，根据反向电量计算补回电费 2000 余元。

2. 原因分析

由于智能电能表的大面积轮换，接线错误难以避免。中性线、相线接反时，普通电子表不影响电能量的计量；智能电能表则会在第三象限出现电量，而第一象限用电量为 0，因此导致客户正常用电却长期不交电费，被发现后要求退补电费易引发客户投诉等不良影响。

首先，电能表装接人员应加强考核和管理。

其次，抄表员现场抄表务必检查电能计量装置运行是否正常，如检查电能表屏幕显示、接线等是否正常，是否存在异常报警。

最后，针对电量异常的客户，如零电量，应现场核实原因，是否正常未用，是否有接线错误、窃电嫌疑、电能表停走等，发现异常应做好现场记录，提出异常报告并及时报职责部门处理。

3. 防控措施

除了低压单相电能表外，三相电能表也存在失压报警、断流报警等异常而长期不被发现和处理，经核实为电压回路虚接、客户窃电、电能表检定后电压连接片未闭合等原因引起。

随着全能型台区经理的推行，抄表员会逐步成为台区经理，也应掌握基本的电能表装接知识，并在实际工作中加强检查电能表计量装置运行是否正常。

同时，抄表员也要核实现场用电性质，是否存在高价低接现象，学会判断用电量的异常波动。

任务三　周　期　核　抄

≫【任务描述】 本任务主要讲解周期核抄相关内容。读者通过对这些知识的学习，能够了解周期核抄的业务知识；熟悉周期核抄的工作要求，掌握周期核抄的现场抄表工作内容。

≫ 【知识要点】

一、核抄周期

采用自动抄表的客户，应开展周期核抄。高压客户核抄周期不得超过6个月，低压客户不得超过12个月。

二、核抄工作内容

周期核抄业务主要包括周期核抄计划制订、数据下装、现场抄表、电能表校时、数据上装、示数复核、核抄分析，还应包括计费电能表示数获取及核对、计费电能表时钟校核、现场计量装置异常检查、客户基本信息核查以及影响电费结算或电费回收的其他情况记录等。周期核抄应有记录、有分析、有结果。对周期核抄发现的重大问题，应立即报责任部门处理。

三、周期核抄要求

（1）由营销业务应用系统根据核抄周期及核抄例日，以月为单位自动制定周期核抄计划。

（2）抄表员按照核抄计划，将需周期核抄客户的抄表信息下装到抄表机，开展现场抄表。现场抄表过程中发现的各类异常情况应及时上报给相关责任班组处理。

（3）周期核抄应在抄表数据下装后7天内、核抄计划月末前完成。抄表员将现场抄录的数据上装到营销业务应用系统，将上装后的电量数据进行示数复核，完成后将流程发送至核抄分析环节。

（4）自动抄表员按营销业务应用系统内核抄分析审核规则，对上装后的核抄数据与实际核抄日当天采集系统数据进行比对分析。对电量偏差较大、日均用电量偏差较大、采集数据异常等问题客户下发异常处理流程，通知责任班组进行现场核实处理。

（5）抄表员进行现场周期核抄时应记录首次调入本抄表段的客户的抄表路线，做好该类客户在抄表段中的抄表顺序码调整。

≫ **【技能要领】**

周期现场核抄

（1）登录营销业务应用系统，按路径"抄表管理≫抄表计划管理≫功能≫制定周期现场核抄计划"，输入电费年月、供电单位、状态选择"未生成"，单击"查询"选中已维护的抄表段信息，单击"生成"，生成抄表计划，如图 2-40 所示。

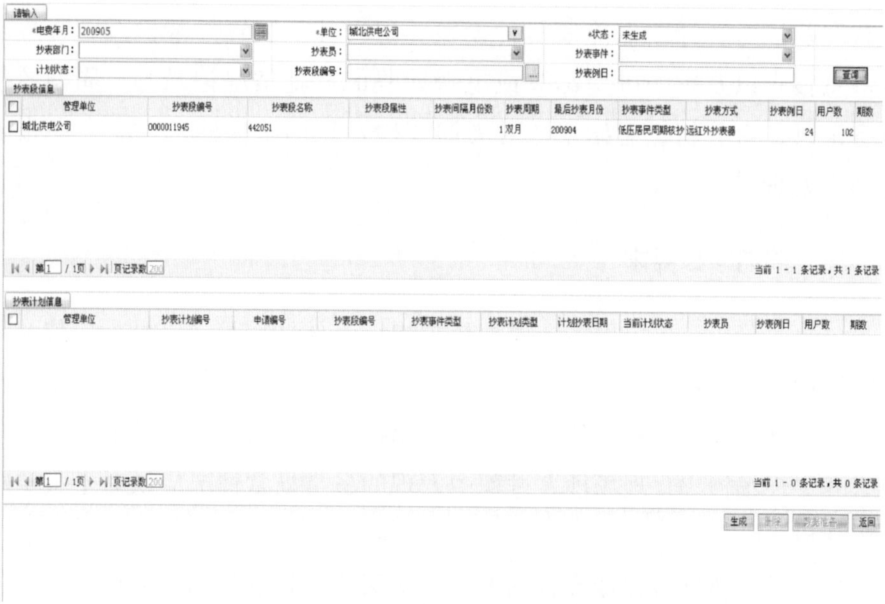

图 2-40　制定周期现场核抄计划界面

（2）生成周期现场核抄计划后，进行数据准备，如图 2-41 所示。

（3）按路径"工作任务≫待办工作单"，产生流程名称为"112 周期现场核抄"的流程，当前环节为抄表数据下载，如图 2-42 所示。

图 2-41　周期现场核抄数据准备界面

图 2-42　112 周期现场核抄流程选择界面

1）单击"处理"进入工单如图 2-43 所示。

2）单击"手工录入"或"下载"按钮抄表，然后单击"发送"提示改流程发送到下一环节，如图 2-44 所示。

53

图 2-43　周期现场核抄数据下载界面

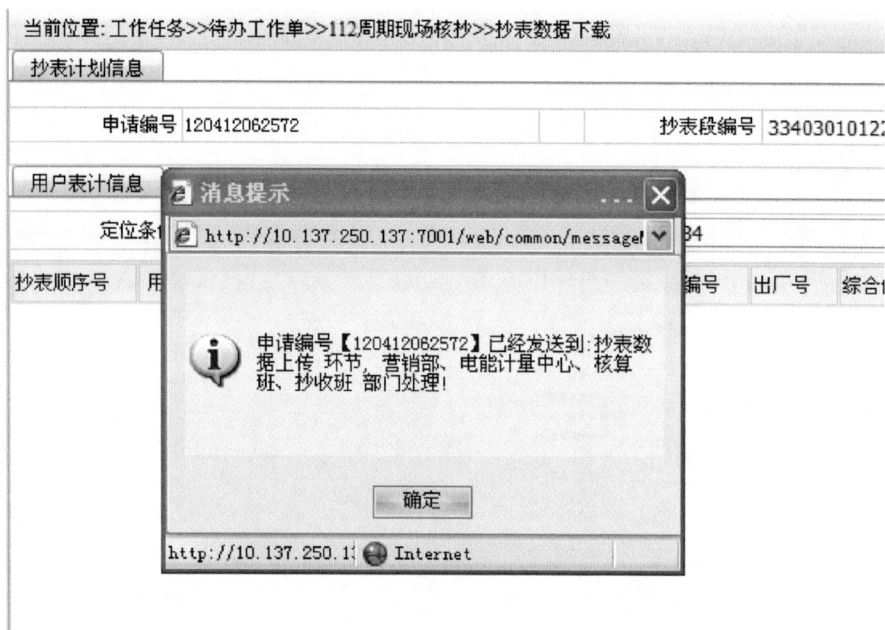

图 2-44　周期现场核抄数据下载发送界面

（4）发送后，到达抄表数据上传环节，如图 2-45 所示。

1）单击"处理"进入工单，如图 2-46 所示。

图 2-45　周期现场核抄数据上传流程选择界面

图 2-46　周期现场核抄数据上传界面

2）单击"修改"可以更改表计信息，单击"发送"。

（5）发送后，到达核抄分析环节，如图 2-47 所示。

（6）核抄分析环节，如图 2-48 所示。

（7）核抄分析发送后，流程结束，如图 2-49 所示。

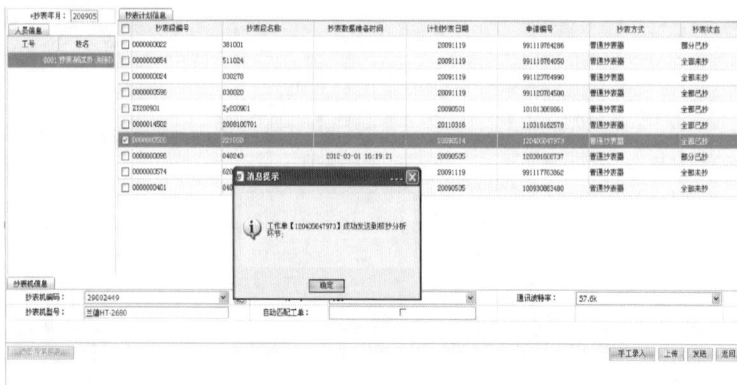

图 2-47　抄数据上传流程成功发送界面

图 2-48　抄表数据核抄分析界面

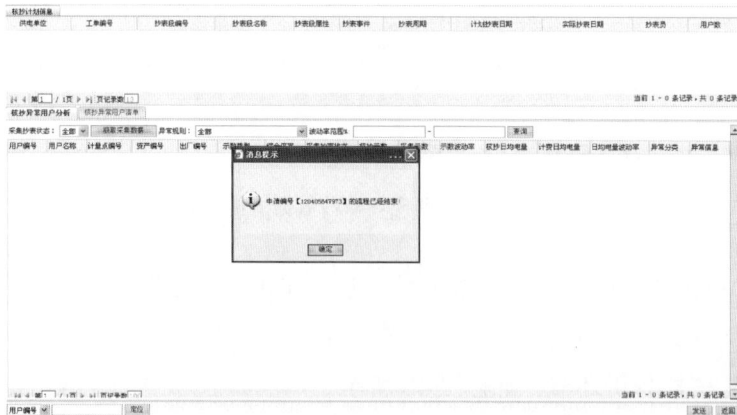

图 2-49　核抄分析发送界面

【典型案例】

一、核抄作用不发挥，一错再错谁之过

1. 案例描述

2014年12月12日因变电站配电装置改造，对某发电用户发起改流程换表计和互感器。变电站出线侧安装一块双方向多功能智能电能表，受电计量点和发电计量点共用该表计。装表接电人员现场装表时，将用网电量计入反向，发电电量计入正向。

2014年12月20日对该发电用户抄表。抄表员在自动获取采集示数时发现，该发电客户表计正向有功电量示数28.91kWh，远远大于反向有功电量示数0.02kWh。现场核查发现计量接线反接。

2014年12月至2015年11月，该反接的表计一直未整改，期间的电费，抄表员均修改正反向结算示数，将反向电量计入正向，正向电量计入反向。

2015年11月，对该客户发起周期核抄。现场核抄时，继续修改正反向结算示数，出现该客户周期核抄示数与用电信息采集系统采集示数不符合的情况。

2. 原因分析

（1）装表接电人员现场装表完毕后，未检查电能表、终端、互感器接线盒接线是否正确。安装双方向表计时，未仔细核对表计电流方向。

（2）抄表人员抄表时，违反《国网浙江省电力公司电费抄表作业业务规范》第二十九条的规定：现场抄表时，抄表员应检查客户计量装置的运行情况，发现问题应做好现场记录并联系相关部门发起处理流程。抄表员未将现场发现接线错误反馈给计量班，造成长期手工抄表。

3. 防控措施

（1）严格按照《国家电网公司计量现场施工质量工艺规范》关于装接工艺的要求，加强现场装接管理，确保电能表、互感器等计量装置接线准确。

（2）加强抄表周期核抄工作的质量管控，要求抄表人员在自动化抄表失败后，针对现场抄表发现的异常，应及时联系相关部门发起处理流程，跟踪处理情况。

二、周期抄表要规范，无故录入出异常

1. 案例描述

2015 年 6 月 14 日，抄表人员到现场对某低压客户实施现场周期核抄时，发现客户表计无法通过远红外抄表机读取数据，客户表箱外玻璃模糊不清无法看清表计止度。抄表人员未对现场进行拍照取证，也未通知计量人员到现场处理故障，直接将上月正常抄表止度（12320kWh）手工录入系统。而当天用电信息采集系统显示有功总电量止度为 12349kWh。

2015 年 7 月 16 日，发起计量装置改造流程换表。

2. 原因分析

抄表人员违反《关于推进红外抄表和规范周期核抄的工作意见》（浙电营字〔2015〕20 号）规定，对现场周期核抄远红外抄表失败的，应拍照留底，并及时通知计量人员完成计量装置故障处理。

3. 防控措施

抄表人员按照《关于推进红外抄表和规范周期核抄的工作意见》（浙电营字〔2015〕20 号）文件要求，周期核抄应采用红外抄表方式抄录现场表计读数，对确实无法采用红外抄表方式抄表的，抄表人员必须将现场表计拍照留底，并在 1 个工作日内通知相关班组处理。

项目三

核　算

◈ 【项目描述】 本项目包含计算、审核及退补等内容。通过知识要点介绍、技能要领解说、典型案例分析，了解电费计算的相关知识，熟悉电费审核需要注意的各项要求，掌握各类型电费计算和退补，防范核算工作中出现的差错问题。

任务一 计 算

◈ 【任务描述】 本任务主要讲解计量方式和各类电费类型及电费计算等内容。读者通过对这些知识的学习，能够了解电费电量的名词解释，熟悉各类电量组成情况；掌握电费计算、电费退补计算等的基础要领。

◈ 【知识要点】

一、计量方式

供电企业供电的额定电压：

（1）低压：单相为 220V，三相为 380V。

（2）高压：为 10kV、35kV（63kV）、110kV、220kV。

除发电厂直配电压可采用 3kV 或 6kV 外，其他等级的电压应逐步过渡到上列额定电压。用户需要的电压等级不在上列范围时，应自行采取变压措施解决。用户需要的电压等级在 110kV 及以上时，其受电装置应作为终端变电站设计，方案需经省电网经营企业审批。

目前对各种用户计量方式有三种：

（1）高压供电，高压侧计量（简称高供高计）。指我国城乡普遍使用的国家电压标准 10kV 及以上的高压供电系统，须经高压电压互感器、高压电流互感器。

（2）高压供电，低压侧计量（简称高供低计）。指 10kV 及以上供电系统。有专用配电变压器的大用户，须经低压电流互感器计量。

（3）低压供电，低压侧计量（简称低供低计）。指 10kV 公用配电变压器供电，电压等级为 220V/380V 的低压用户。

二、各类电量说明

1. 抄见电量

抄见电量是指在结算周期内，供电企业以客户计量装置实际记录的用电量，它包括有功、无功抄见电量以及抄见最大需量。

2. 变损电量

变损电量是指变压器损耗电量的简称，它包括变压器的铜损和铁损。铁损基本是个恒定值，与负载电流大小和性质无关；铜损与负载电流大小和性质有关。

3. 扣减电量

主分表扣减之前需先把各分表的抄见电量计算完毕，主表下存在多个同级分表，主表扣减分表电量的扣减顺序是：扣减被转供户的电量→扣减实抄分表电量→扣减定比定量电量。

4. 退补电量

退补电量包括以下几类：①因客户违约用电、窃电引起的电量追补；②因计费电能表故障、烧毁、停走、空走、快走、电能表失压、不停电调表、电能表接线错误等引起的电量失准；③因采集故障、抄表差错、计费参数错误等引起的电量异常；④因在业扩流程安装信息录入环节未正确录入电能表示数引起的拆表差错；⑤因营销业务应用系统程序不完善引起的电量差错；⑥因其他原因引起的电量退补。

5. 结算电量

结算电量就是最终结算电费的电量值，包括抄见电量、变损电量、扣减电量及退补电量。

三、功率因数调整电费

功率因数是有功功率与视在功率的比值。由于大多数客户的用电设备是感性负载，感性负载用电设备配套不合理或是使用不合理、长期轻载或空载、变压器的负荷率或年利用小时数过低等原因，会直接导致实际功率因数低。当功率因数低时，会直接造成电源设备的有功出力不能被充分利用，降低设备的利用率；使供电线路的功率损失和电压降增加，降低电压质量；会使客户多支付电费。

为了减少功率因数低带来的影响，在客户的用电过程中需要进行功率因数考核，计算功率因数调整电费，利用经济杠杆的作用使客户的功率因数能达到规定的标准。

根据 1983 年水利电力部、国家物价局〔1983〕水电财字第 215 号关于颁发《功率因数调整电费办法》的通知：

功率因数标准 0.90，适用于 160kVA 以上的高压供电工业用户（包括社队工业用户）、装有带负荷调整电压装置的高压供电电力用户和 3200kVA 及以上的高压供电电力排灌站。

功率因数标准 0.85，适用于 100kVA（kW）及以上的其他工业用户（包括社队工业用户），100kVA（kW）及以上的非工业用户和 100kVA（kW）及以上的电力排灌站。

功率因数标准 0.80，适用于 100kVA（kW）及以上的农业用户和趸售用户，但大工业用户未划由电业直接管理的趸售用户，功率因数标准应为 0.85。

特别说明：100kVA（kW）及以上含居民生活用电的合表用电，计算功率因数时均包括居民用电的有功电量、无功电量，但居民电费不列入功率因数调整电费计算。执行居民生活用电价格的学校用电的功率因数考核标准执行 0.85。临时用电用户不执行功率因数考核。

四、两部制电费计算

两部制电费就是将电费分成两部分：一部分称为基本电费，代表电力企业成本中的容量成本，即固定费用部分，以用户受电容量 kVA（千伏安）或用户最大需量 kW（千瓦）计收，与其所实际使用电量无关；基本电价按变压器容量或按最大需量计费，由用户选择。另一部分称为电度电费，代表电力企业成本中的电能成本，亦即流动费用部分，在计算电度电费时以用户实际使用电量计收。两部分电费分别计算后相加即为用户所应付的全部电费。实际两部制电价计费的用户还应实行《功率因数调整电费办法》。

1. 按变压器容量收取

按变压器容量收取是根据变压器容量和不通过该变压器的高压电动机容量（此时 kW 或 kVA 等同）的总和，按规定的基本电价 30 元/（月·kVA）收取。

按照《供电营业规则》第八十五条规定，对备用的变压器（含不通过变压器的高压电动机），属于冷备用状态并经供电企业加封的，不收基本电费；属于热备用状态或未经加封的，不论使用与否都计收基本电费。客户专为调整用电功率因数的设备，如电容器、调相机等，不计收基本电费。在受电装置一次侧装有连锁装置互为备用的变压器（含高压电动机），按可能同时使用的变压器（含高压电动机）容量之和的最大值计算其基本电费。

2. 按最大需量收取

按最大需量方式计收基本电费的用户，应与电网企业签订合同，并按合同最大需量计收基本电费。合同最大需量核定值变更周期按月变更，用户可提前 5 个工作日向电网企业申请变更下一个月（抄表周期）的合同最大需量核定值。用户实际最大需量超过合同确定值 105％时，超过 105％部分的基本电费加一倍收取；未超过合同确定值 105％的，按合同确定值收取；申请最大需量核定值低于变压器容量和不通过变压器接入的高压电动机容量总和的 40％时，按容量总和的 40％核定合同最大需量；对按最大需量计费的两路及以上进线用户，各路进线分别计算最大需量，累加计收基本电费。

≫【技能要领】

一、申请"一户多人口"政策合表的电费计算

某执行峰谷电价普通"一户一表"低压居民客户，家庭常住人口为 7

人，抄表例日为每月3日，2017年1月起每个月用电量如表3-1所示，该客户于2017年2月25日来营业网点办理"一户多人口"政策合表电价调整申请，请计算每个月的电费［电度电价0.538元/(kWh)］。

表3-1　　　　　　　　　客户用电量信息

日期	月电量（kWh）			备注
	总	峰	谷	
2017年1月	1300	1000	300	1月3日抄表
2017年2月	1500	900	600	2月3日抄表
2017年2月25日	900	600	300	2月25日抄表
2017年3月	260			3月3日抄表
2017年4月	900			4月3日抄表

计算：

（1）2017年1月：

高峰基础电费：1000×0.568＝568元

低谷基础电费：300×0.288＝86.4元

加价一、加价二电费均为0

本月合计电费：568＋86.4＋0＋0＝654.4元

当月止剩余第一档电量指标2760－1300＝1460kWh，第二档电量指标2040kWh。

（2）2017年2月：

高峰基础电费：900×0.568＝511.2元

低谷基础电费：600×0.288＝172.8元

加价一电费：(1500－1460)×0.05＝40×0.05＝2元

加价二电费：0

本月合计电费：511.2＋172.8＋2＋0＝686元

当月止剩余第一档电量指标0kWh，第二档电量指标2040－40＝2000kWh。

（3）2017年3月：

合表电价调整申请后，该客户实际应享受的分档电量标准如下：

第一档电量指标：230×3＝690kWh

第二档电量指标：170×3＝510kWh

实际已结算的指标如下：

第一档电量指标：2760kWh

第二档电量指标：40kWh

需追回的各档指标如下：

第一档电量指标：2760－690＝2070kWh

第二档电量指标：40－510＝－470kWh

（4）2 月 25 日特抄变更时清算电费：

高峰基础电费：600×0.568＝340.8 元

低谷基础电费：300×0.288＝86.4 元

加价一电费：470×0.05＝23.5 元

加价二电费：（2070－470＋900）×0.3＝750 元

本次变更清算电费：340.8＋86.4＋23.5＋750＝1200.7 元

变更后执行合表电价的电量电费：260×0.558＝145.08 元

本月总合计电费：1200.7＋145.08＝1345.78 元

（5）2017 年 4 月：

本月合计电费：900×0.558＝502.2 元

二、高供低计客户的电费计算

（1）某单位供电电压为 10kV，受电变压器容量为 250kVA，变压器型号为 S9，有功空载损耗为每小时 0.56kWh，无功空载损耗为每小时 2.947kvar，有功损耗系为 0.015，K 值为 3.122。执行一般工商业及其他三费率六时段电价。

该用户的计量方式为高供低计，电流互感器为 400/5，上次抄表日为 2017 年 9 月 20 日，本次抄表日为 2017 年 10 月 20 日，计量表计上各计度器的抄表数据及计算如表 3-2 所示，计算该用户本月总电费。

表 3-2 计量表计抄表数据

示数类型	上次示数（kWh/kvar）	本次示数（kWh/kvar）	综合倍率	本次电量（kWh/kvar）	结算电量（kWh/kvar）
有功（总）	6322.96	6538.79	80	17266.4	17266
有功（尖）	470.91	485.33	80	1153.6	1154
有功（峰）	4572.33	4737.07	80	13179.2	13179
有功（谷）	1279.72	1316.39	80	2933.6	2394
无功（总）	2587.61	2784.34	80	15738.4	15738

注：假设 10kV 供电的一般工商业及其他用户，尖峰电价为 1.3207 元/kWh，高峰电价为 1.0227 元/kWh，低谷电价为 0.5107 元/kWh，代收基金：0.0565 元/kWh。

解：抄见电量计算：

有功抄见总电量＝(6538.79－6322.96)×80＝17266kWh

有功尖峰抄见电量＝(485.33－470.91)×80＝1154kWh

有功高峰抄见电量＝(4737.07－4572.33)×80＝13179kWh

有功低谷抄见电量＝(1316.39－1279.72)×80＝2934kWh

合计＝有功尖峰抄见电量＋有功高峰抄见电量＋有功低谷抄见电量＝1154＋13179＋2934＝17267kWh

因有功抄见总电量不等于高峰、尖峰、低谷合计，所以，

有功尖峰电量＝(抄见总电量/合计)×有功尖峰抄见电量＝(17266/17267)×1154＝1154kWh

有功低谷电量＝(抄见总电量/合计)×有功低谷抄见电量＝(17266/17267)×2934＝2934kWh

有功高峰电量＝有功抄见总电量－有功尖峰电量－有功低谷电量＝17266－1154－2934＝13178kWh

无功抄见总电量＝(2784.34－2587.61)×80＝15738kvarh

变损电量计算：

有功铁损电量＝有功空载损耗×运行时间＝0.56×31×24＝417kWh

尖峰铁损电量＝有功铁损电量×(一天尖峰时间/24 小时)＝417×2/24＝35kWh

低谷铁损电量＝有功铁损电量×(一天低谷时间/24 小时)＝417×12/

24＝209kWh

高峰铁损电量＝有功铁损电量－尖峰铁损电量－低谷铁损电量＝417－35－209＝173kWh

无功铁损电量＝无功空载损耗×运行时间＝2.947×24×31＝2193kvarh

有功铜损电量＝按二次侧电能表抄见电量×铜损率系数＝17266×0.015＝259kWh

尖峰铜损电量＝有功尖峰电量×铜损率＝1154×0.015＝17kWh

低谷铜损电量＝有功低谷电量×铜损率＝2934×0.015＝44kWh

高峰铜损电量＝有功铜损电量－尖峰铜损电量－低谷铜损电量＝259－17－44＝198kWh

无功铜损电量＝有功铜损电量×K 值＝259×3.122＝809kvarh

结算电量计算：

有功结算总电量＝有功抄见总电量＋有功铁损＋有功铜损＝17266＋417＋259＝17942kWh

有功尖峰结算电量＝有功尖峰电量＋尖峰铁损电量＋尖峰铜损电量＝1154＋35＋17＝1206kWh

有功高峰结算电量＝有功高峰电量＋高峰铁损电量＋高峰铜损电量＝13178＋173＋198＝13549kWh

有功低谷结算电量＝有功低谷电量＋低谷铁损电量＋低谷铜损电量＝2934＋209＋44＝3187kWh

无功结算电量＝无功抄见总电量＋无功铁损电量＋无功铜损电量＝15738＋2193＋809＝18740kWh

结算电费计算：

有功尖峰电费＝1206×1.3207＝1592.76 元

有功高峰电费＝13549×1.0227＝13856.56 元

有功低谷电费＝3187×0.5107＝1627.60 元

代征电价合计 0.0565 元/kWh

力率调整电费计算：

$$\cos\varphi = \frac{有功电量}{\sqrt{有功电量^2 + 无功电量^2}} = 0.69$$

力率调整考核标准为 0.90，查表得调整系数为 0.11。

力率调整电费＝0.11×[1206×（1.3207－0.0565）＋13549×（1.0227－0.0565）＋3187×（0.5107－0.0565）]＝0.11×（1206×1.2642＋13549×0.9662＋3187×0.4542）＝1934.66 元

应交电费计算：

本月应交电费＝有功尖峰电费＋有功高峰电费＋有功低谷电费＋力率调整电费＝1592.76＋13856.56＋1627.60＋1934.66＝19011.58 元

（2）某 35kV 用电客户在高压侧用三相电能表计量收费，已知该户装接容量为 2000kVA，装配的电流互感器变比为 30/5，电压互感器变比为 35000/100，本月电量为 100000kWh，需量抄见数为 0.5，合同约定需量核定值为 1000kW。求该户的当月应交基本电费为多少？

解： 计费综合倍率＝35000/100×30/5＝2100

需量＝2100×0.5＝1050kW

1000×1.05＝1050kW，当月需量按核定值收取。

基本电费＝1000×40＝40000 元

≫【典型案例】

一、估抄力率算错费，无功电量勿小觑

1. 案例描述

某高压用户，抄表例日为 12 日，容量 315kVA，功率因数考核标准为 0.9。2015 年 7 月 8 日，该用户申请高压增容，8 月 10 日装表接电人员到现场更换电能表，换表时负控终端与表计之间的 RS485 线接触不良，装接完毕后未进行检查。

9 月 12 日，该用户远程抄表失败，抄表人员未进行现场补抄，手工修

改止度导致当月抄见电量为 0，用户功率因数按变压器固定损耗计算，导致功率因数低至 0.17，功率因数调整电费为 10743.90 元。实际用户功率因数为 0.93。电费复核人员在电费审核环节发现该用户实际功率因数异常未及时处理，导致电费差错出门。

2. 原因分析

（1）装表接电人员现场安装电能表时，违反《国家电网公司计量现场施工质量工艺规范》的规定，装接完毕后未检查电能表、终端、互感器、接线盒接线是否正确，导致没有发现 RS485 线接触不良。

（2）抄表人员工作不到位，违反《关于印发〈国网浙江省电力公司电费抄核收管理工作规范（试行）〉的通知》（浙电营〔2014〕1006 号）第二十三条的规定，对自动抄表系统无法获取抄表数据的用户，未发起现场补抄流程。

（3）电费复核人员未认真履行电费复核职责，未发现用户功率因数调整电费异常，导致差错电费正常发行。

3. 防控措施

（1）强化《国家电网公司计量现场施工质量工艺规范》的宣贯培训，确保现场装接质量合格，现场装接完成后，应检查表计运行和终端采集情况。

（2）加强《国网浙江省电力公司电费抄核收管理工作规范（试行）》的宣贯培训，强化抄表质量管控，杜绝非客观原因的手工抄表。

（3）加强对电费复核人员的培训，加大电费复核工作力度，确保不发生出门差错。

二、减容力率应调整，一时疏忽错电费

1. 案例描述

2003 年 8 月 3 日，某普通工业用户通过高压新装流程立户，合同容量 2000kVA，用电类别为大工业用电，执行电价为 "大工业用电：1～10kV：三费率：按需量"，功率因数考核标准为 0.9。

2015 年 7 月 1 日，该用户申请永久减容，合同容量由 2000kVA 永久减容至 125kVA，查勘人员根据现场勘查结果，将用电类别变更为普通工业，电价变更为"一般工商业及其他：1～10kV：单费率：单一制"，同时更换表计，但未对功率因数考核标准同步修改，功率因数标准仍为 0.9，业务审批人员未发现异常。

2. 原因分析

（1）现场查勘人员未按照《功率因数调整电费办法》（83 水电财字第 215 号）的规定，对减容后的用户未同步调整功率因数考核标准，造成功率因数考核标准错误。

（2）业务审批人员未认真履行审批职责，对业务变更流程功率因数考核标准等重要参数审核把关不足，造成差错问题发生。

3. 防控措施

（1）加强对电价文件宣贯培训，强化对《功率因数调整电费办法》的学习，特别是增容、减容等可能涉及电价执行、功率因数考核标准变化的业务变更，应同步完成相应计费参数的变更。

（2）加强业务变更流程的审核，确保变更流程参数正确。

任务二 审 核

≫【任务描述】 本任务主要讲解电费审核的方式和要求等内容。读者通过对这些知识的学习，能够了解审核过程中应注意的事项，熟悉审核工作流程，掌握审核中的异常处理方法和内容。

≫【知识要点】

一、审核方式

电量电费审核包括传统电量电费审核和智能电量电费审核两种方式。

1. 传统电量电费审核

传统电量电费审核是对新装、增容和变更用电客户在其业务流程处理完毕后的首次电量电费计算结果（包括后台电费），进行逐户审核；对平均电价过高、平均电价过低、功率因数异常、电量波动异常、非居民客户零电量等异常情况，以及各类特殊供电方式（多电源、转供等）的客户进行重点审核。

2. 智能电量电费审核

智能电量电费审核是实现自动电费计算、自动电量电费审核、自动异常客户筛选，并对无异常的客户直接发送电费发行环节；对电费计算过程中出现的量、费突变的异常客户，以及未经试算的新装、增容、变更用电客户进行自动筛选，并逐户审核确认。

二、审核要求

客户抄表示数复核结束后，电费核算人员应在 24h 内完成电量电费审核和电费发行工作。若有异常，经审批后最长可推迟到 48h。

对新装用电客户、用电变更客户、电能计量装置参数变化的客户，其业务流程处理完毕后的首次电量电费计算应逐户进行审核。对电量明显异常、其他审核规则提示的客户以及各类特殊供电方式（如多电源、转供电等）的客户应重点审核，确保电费计算结果正确无误。

在电价政策调整、数据代码变更、营销业务应用系统软件修改或系统故障等事件发生后，应对电量电费进行试算并对各类客户的计算结果进行重点抽查审核。

对电量电费审核过程中发现的问题，应按规定的程序和流程及时处理，做好详细记录，并按月汇总形成审核报告。

≫ **【技能要领】**

一、电费审核

电费审核要求实行电费核算事前、事中、事后全过程管理，确保电量电费核算的各类数据及参数的完整性、准确性和安全性。客户新装、增容、变更用电流程信息归档后，应及时完成归档信息的审核工作，保证计算参数及数据与现场实际情况一致。电费核算人员在业扩流程归档后应逐户完成电费试算，并对客户档案基础信息、计费参数、模拟计算结果进行审核。客户抄表示数复核结束后，电费核算人员应在 24h 内完成电量电费审核和电费发行工作。若有异常，经审批后最长可推迟到 48h。电量电费审核的重点应包括：平均电价过高（或过低）、功率因数异常、电量电费突变等异常情况。营销业务应用系统已设置了多种校验规则，包括电量异常范围、波动异常范围、抄表状态、异常类别、异常条件等，根据这些参数的不同范围，系统自动计算出符合条件的客户并显示于界面，供核算员逐户审核数据录入是否正确，如图 3-1 所示。

图 3-1　电费审核发行界面

审核发现异常后，拆分退回自动化抄表处理（市场化核算用户除外），其他正常全部发送，流程跳转到核算班进行电费发行。

二、异常情况的处理

（1）电费审核发现抄表错误时，对异常客户拆分工单，将拆分工单回退到抄表数据审核环节，如图 3-2 所示，并通知相关部门重新抄表确认（整改到位后重新发起抄表流程），再重新计算电费并审核。

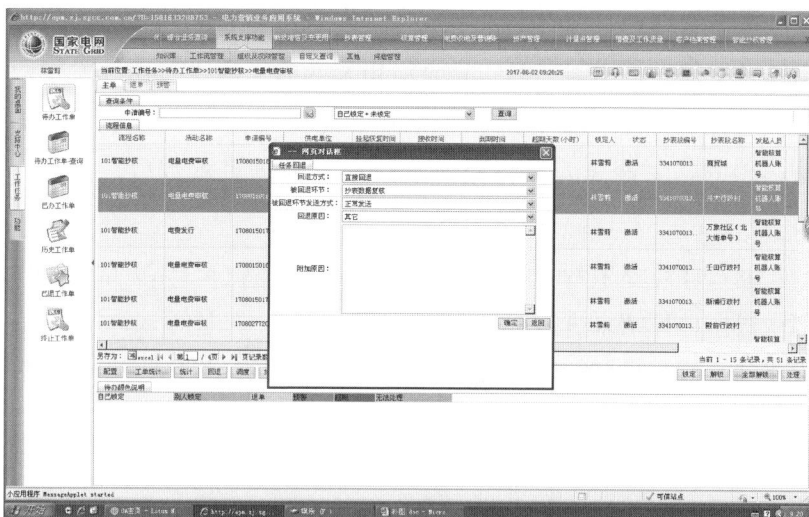

图 3-2　发现异常回退图示

（2）电费审核发现档案错误影响电费发行异常的客户，对异常客户拆分工单，且中止该拆分出来的流程；通知相关部门进行档案订正后，重新发起临时抄表计划，重新计算电费并审核。

（3）电费审核发现后台电费差错只能通过退补电量电费进行纠正的异常客户，必须先对异常客户拆分工单，通知相关部门及时退补纠错，待退补流程审批结束后，一并进行电费发行。

（4）电费审核发现抄表电量突增、突减、波动异常的，需通知抄表部门进行现场核实等处理。现场确认无误的，必要时可以通知计量部门再次核实电能计量装置，以及电能表位数、综合倍率等是否与档案信息一致。

（5）电费审核发现电量偏离理论值，需通知用电检查部门对档案容量、合同容量、电量、倍率等信息进行核实。

（6）电费审核发现平均电价异常，需通知营业部门确认客户用电是否正常。

（7）电费审核发现功率因数异常时需通知营业部门确认功率因数标准、量电方式是否正确，通知抄表部门确认电量是否正常。

（8）电费审核发现有拆表冲突客户，若抄表上装示数小于或等于拆表示数，可不做处理；若抄表上装示数大于拆表示数，确认是否已经做业务流程归档（业务流程未归档的，应通知相关人员立即进行业务流程归档），同时立即与抄表人员联系，重取档案后，立即进行电费计算；若确实暂时无法归档的，由抄表人员将当前示数修改为拆表示数后，再进行电费计算。

（9）电费计算结果若有误，确因计算程序缺陷一时无法解决的，通知相关部门根据计算结果进行退补纠错。

需要的时候可以填写电量电费审核异常联系单，与相关部门联系。

≫【典型案例】

一、参数修改需注意，电费计算少金额

1. 案例描述

某企业客户，主要从事电线、电缆及电工器材制造；供电容量为160kVA，供电电压为10kV；定价策略类型为单一制电价，功率因数标准为0.85；不执行分时电价；到2016年11月17日通过改类流程将该客户改为执行分时电价，功率因数标准也随之调整为0.90。根据给定条件审核相关信息，若有错，请分析可能的原因并说明处理情况。

2. 原因分析

首先，发现功率因数标准执行异常。对于该客户来说，供电容量为160kVA，按照规定功率因数标准是0.85。

其次，经过对变更过程的分析，发现是工作人员在做改类流程时，将功率因数标准从0.85改为0.90。

3. 防控措施

（1）通过相关部门将该客户的功率因数标准改为0.85。

（2）若电费未发行，则重新计算该客户的正确电费。若电费已发行，则利用电量电费退补流程完成功率因数调整电费的退补工作。

（3）加强业务人员的业务能力培训，防止类似修改的错误。

二、新装流程要心细，环节不慎会出错

1. 案例描述

某新装客户，2016 年 10 月 18 日送电，供电容量为 500kVA，行业分类为 "水污染治理"，执行电价为一般工商业及其他用电电价，不执行分时电价，功率因数标准为 0.85。抄表日期为每月的 21 日。2016 年 11 月 21 日完成了第一次抄表。部分电量电费信息如表 3-3 所示。根据给定条件审核相关信息，若有错，请分析可能的原因并说明处理情况。

表 3-3 客户部分电量电费信息

电费年月	结算有功电量	结算无功电量	计算容量	基本电费
2016 年 10 月	0	0	0	0
2016 年 11 月	18500	13200	0	0

2. 原因分析

从表 3-3 中得知，2016 年 10 月的结算有功、无功电量为 0，这是因为 10 月 21 日未抄，而 2015 年 10 月、11 月的计算容量均为 0，这是因为该客户的执行电价为 "一般工商业及其他用电电价"，是不需要计算基本电费的。

但是根据题目给定的信息，该客户从事 "水污染治理" 的工作，供电容量是 500kVA，按规定应执行 "大工业用电电价"，不应该执行 "一般工商业及其他用电电价"，显然是执行电价错误，对应的功率因数标准执行也是错误的，应为 0.90。

3. 防控措施

(1) 经调查、确认、审批后将错误信息改正。

(2) 因为电价执行错误，导致电度电费、功率因数调整电费计算错误，基本电费未算。需要按规定追补相应的基本电费，并重新计算电度电费、功率因数调整电费。

(3) 利用电量电费退补流程完成相关电费的退补工作。

(4) 加强业务人员专业技能培训，提高全员业务素质。

任务三 退 补

≫ **【任务描述】** 本任务主要讲解电量电费退补等内容。读者通过对这些知识的学习，能够了解范围和退补方案制定，熟悉电量电费退补流程，掌握电量电费退补操作。

≫ **【知识要点】**

一、电量电费退补范围

（1）因客户违约用电、窃电引起的电量电费追补。

（2）因计费电能表故障、烧毁、停走、空走、快走、慢走、电能表失压、不停电调表、电能表接线错误等引起的电量失准。

（3）因采集故障、抄表差错、计费参数错误等引起的电量或电费异常。

（4）因在业扩流程安装信息录入环节未正确录入电能表示数引起的拆表差错。

（5）因营销业务应用系统程序不完善引起的电量电费差错。

（6）因其他原因引起的电量电费退补。

二、电量电费退补方案制定

电量电费退补由异常发现部门（班组）提出，用联系单的方式，经部门（班组）负责人签发后，提交电量电费退补申请班组，由其开展电量电费退补工作。

电量电费退补申请班组在接到联系单后，电量电费退补申请人应根据以下原则完成电量电费退补方案的编制工作：

（1）因违约用电、窃电引起的电量电费退补，应按照《供电营业规则》及相关规定，提出退补电量电费的依据和退补方案。

（2）因计量装置故障、烧毁、停走、空走、快走、慢走、电能表失压、不停电调表、电能表接线错误等引起的电量电费退补，应根据计量检定结论，确定电量电费退补方案。

（3）因采集故障、抄表差错等引起的电量电费退补，应按现场电能表抄见示数确定电量电费退补方案。

（4）因业扩流程安装信息录入环节电能表示数错误引起的电量电费退补，经现场核实后，应按实际电能表示数确定电量电费退补方案。

（5）因电价执行错误等引起的电费退补，应按正确与错误电价进行全退全补。

（6）因国家电价政策调整引起的电费退补，应按国家电价政策文件执行日的特抄数据进行电费退补。

≫【技能要领】

一、电量电费退补流程

电量电费退补申请人员应对电量电费退补基本情况进行认定，形成电量电费退补的初步方案，填写纸质电量电费退补审批单，报班组（部门）负责人审查同意后，逐级进行审批并发起电量电费退补流程。

电量电费退补的最终审批权限，按以下规定确定：

（1）电费退补额度在 1000 元以下，由市公司营业及电费室主任或县公司业务管理室主任负责审批。

（2）电费退补额度在 1000 元及以上 50000 元以下，由市、县客户服务中心主任负责审批。

（3）电费退补额度在 50000 元及以上由本单位分管领导审批。

电量电费退补按照权限经审批同意后，由退补申请人员在营销业务应用系统中发起电量电费退补流程。电量电费退补流程应详细填写退补原因、责任人（部门）、退补理由及依据、退补起讫时间、详细计算过程等内容，正确选择退补差错类型，填写内容必须与机外纸质审批单内容一致。

电费核算人员依据电量电费退补审批单，在营销业务应用系统中对退补流程进行审核，确保纸质审批单与系统退补信息一致。电量电费退补流程审批同意后，由电费核算人员完成退补电费发行。电量电费退补审批单应由电费核算班集中管理，按月装订归档，以备日后查验。电量电费退补应注重时效性，退补申请人应负责流程跟踪处理。

二、电量电费退补操作

在电费抄核收业务开展过程中，由于抄表差错、档案差错、违约窃电、计量故障等原因导致客户电费最终计算结果出现差错，这些情况需要由异常发现部门（班组）提出，用联系单的方式，经部门（班组）负责人签发后，提交电量电费退补申请班组，由其开展电量电费退补工作。

进入"营销业务应用系统"，选择"核算管理≫电费退补管理≫退补申请（政策性退补申请）"后，输入需退补用户编号，点击"查询"，如图 3-3 所示。根据实际情况情况选择退补差错分类、差错原因、差错发生日期后，保存发送。

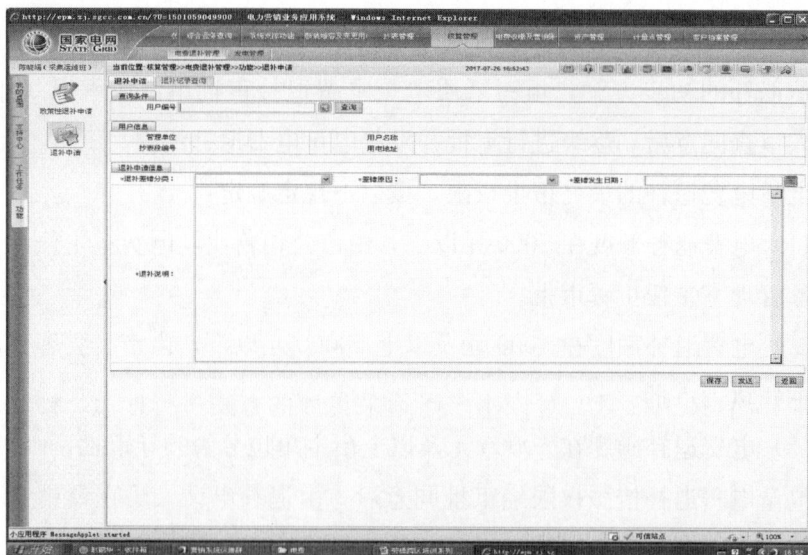

图 3-3　退补申请界面

在退补方案录入环节，填写相应的退补方案，生成退补明细，如图 3-4 所示，并保存发送即可。

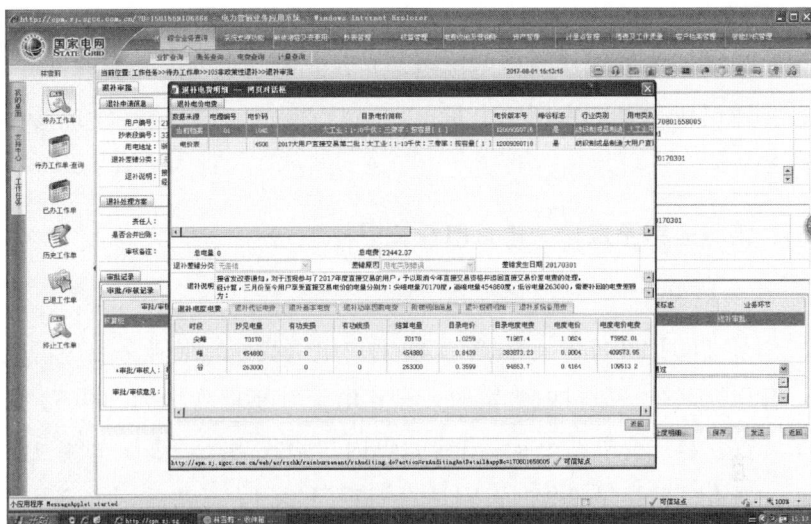

图 3-4　确定退补方案界面

≫【典型案例】

一、装表接线要细心，稍有不慎易差错

1. 案例描述

2013 年 11 月 25 日，某参考表用户申请低压非居民新装，由于该用户有其他参考用电设备，新装时设置参考设备个数为 6，新装后正常抄表出账，月均用电量在 100kWh 左右。

2015 年 9 月 6 日，计量人员对该用户发起换表流程，由于换表时计量人员接线错误，导致该用户新表停走，表计读数一直为 0。

2015 年 10～12 月，对该用户以远采集抄的方式进行抄表，抄见电量为 0，连续三个月零电量。但是由于是远程抄表，抄表人员和电费人员未能及时发现该异常问题。

2. 原因分析

（1）装表接电人员装接错误，导致表计接线错误，发生停走。

（2）对于参考表用户缺少电费复核规则或异常提醒，未能及时发现参考表用户零电量异常情况。

3. 防控措施

（1）现场纠正该用户的错误接线，并发起电量电费退补流程。

（2）建议优化参考表用户电量电费复核规则，及时核查发现参考表用户零电量异常。

二、倍率差错不应该，修订电量要退补

1. 案例描述

2013年11月26日，某10kV专线用户申请高压新装业务，电源性质为专线，客户经理在答复供电方案时，设置电流互感器变比为800/5。该用户的计量装置安装在变电站10kV出线间隔内，验收当天，高压电流互感器已安装，计量人员在计量验收时，因计量柜后门封闭，无法看到电流互感器铭牌参数信息，就通过现场询问变电站运行人员的方式获得电流互感器变比等相关参数信息，将该组电流互感器变比记录为800/5，之后，计量人员发送联系单至市供电公司计量中心，要求虚设该用户电流互感器资产编号并完成电力营销业务应用系统中的领用和安装工作。2014年3月8日，该流程归档。

2015年9月，用户发现当月电量超出实际用电量，致电询问。经用电检查人员现场核实，该用户的电流互感器变比实际为600/5。

2015年9月23日，用电检查人员发起改类流程，将电流互感器变化改为600/5，同时对变化错误期间的电量电费进行退补。

2. 原因分析

计量人员违反DL/T 448—2016《电能计量装置技术管理规程》第7.6.2条"a）待安装的电能计量器具应依法取得计量授权的电力企业电能计量技术机构检定合格"的规定，未经现场核实直接要求计量中心虚设电流互感器资产编号，导致计量差错。

3. 防控措施

（1）客户经理与装表接电人员在竣工验收及装表接电环节应认真核对高压互感器参数，确保其与电力营销业务应用系统内的信息一致，防止互感器变比差错导致计量异常。

（2）全面开展高压用户计量装置普查工作。

项目四

收费账务

» **【项目描述】** 本项目包含收费渠道及催收方法、电费回收和账务管理等内容。通过知识要点介绍、技能要领解说、典型案例分析，了解收费渠道、电费回收、账务管理的基础知识，熟悉电费回收的方法和异常处理，掌握电费回收和账务管理的相关要求，注意防范电费回收中出现的风险点及措施。

任务一　收费渠道及方法

» **【任务描述】** 本任务主要讲解收费渠道和方法等内容。读者通过对这些知识的学习，能够了解我国现行的多种收费渠道，熟悉电子渠道线上交费的方式方法，掌握掌上电力 APP、电 e 宝等新型收费渠道的操作流程。

» **【知识要点】**

一、收费渠道

随着电力行业的发展，电费收费渠道正向着更为方便、快捷、多渠道、高效率的方向发展。作为催费员，为了更好地催收电费，必须了解当前各种各样的电费收费渠道及使用方法。

传统的收费渠道主要有三种，包括电力机构收费、金融机构收费、第三方机构收费。

电力机构收费方式包括电力柜台收费、电力自助交费（销售）终端、电费充值卡等。

金融机构收费方式包括银行柜台、银行代扣、电子托收、网上银行、银行自助交费终端、POS 机交费等。

第三方机构收费方式包括电 e 宝、掌上电力 APP、支付宝、村邮站代收等。

二、催收方法

为了电费及时回收，降低电费回收风险，应采取多种催收方法。电费发行后 5 天内通过电子账单或短信、微信、电话、传真、电子邮件等方式告知客户电量电费信息。逾期交费之日起，对逾期未交电费的客户通过电话、短信、上门、送达催交电费通知单等形式进行催费。电话催收应当使用规范化文明用语，提倡使用普通话，现场催收时应注重客户当地的风俗习惯，选择适当的时机催收电费。

对于租赁客户、季节性用电客户、客户信用等级较差和电费回收风险较高的客户，采用预付费方式；对于多次逾期交费客户结合风险等级、用电类别和行业分类，制定差异化催费策略，施行高压一户一策、低压一类一策，对于失信客户发放失信用电告知书，准失信客户发放用电客户逾期交费告知书；非居民欠费停电客户在办理复电前应签订《电费结算补充协议》等。

≫ 【技能要领】

一、掌上电力 APP 操作

初次使用掌上电力 APP 的用户，设置完省市后，进入首页使用引导，根据首页功能的使用引导，点击"我知道了"，进入首页，如图 4-1 所示。

图 4-1 掌上电力 APP 首页图示

点击"立即注册"进入用户注册页面，输入手机号，"点击获取"并输入验证码，输入登录密码，默认同意注册协议和成为国网商城注册会员，点击"注册"即可完成注册，如图 4-2 所示。

注册完成后，将会出现引导页面，提示用户绑定客户编号，如图 4-3 所示。

图 4-2 掌上电力 APP 注册图示

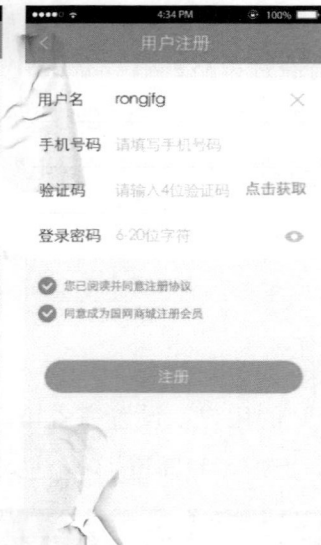

图 4-3 引导用户绑定图示

选择"马上绑定"，进入绑定户号页面，输入客户编号和查询密码绑定户号，分别点击右侧的"⑦"将出现获取客户编号和查询密码的页面，如图 4-4 所示。

进入支付购电页面，默认绑定的客户编号及地区，可以输入其他的地区与用户编号，为自己或他人代交电费，如图 4-5 所示。

支付购电分预付费和后付费两种付费方式。对于后付费用户，显示应交金额，选择支付方式，选择支付金额，或输入"其他金额"，点击"下一步"，确认订单信息，完成支付，如图 4-6 所示。

图 4-4 绑定操作图示

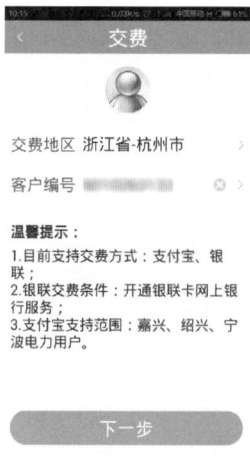

图 4-5 客户交费图示

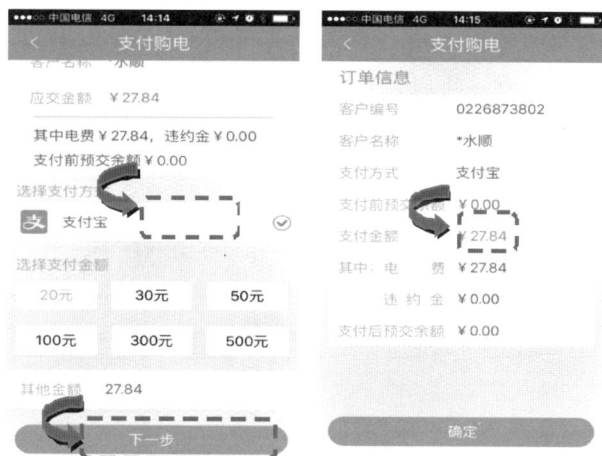

图 4-6 电费支付图示

　　对于预付费用户，不显示应交金额，选择支付方式，选择支付金额或者输入"其他金额"，点击"下一步"，确认订单信息，完成支付，如图 4-7 所示。

图 4-7　支付方式选择图示

　　查询交费记录，点击右上角""可搜索近一周、近一月、近三月、近六月、近一年以及自定义的其他时间的购电记录。点击"其他时间"，输入开始、结束时间即可查询，如图 4-8 所示。默认显示近半年的购电记录情况。

图 4-8　购电记录查询图示

二、电 e 宝操作

用户通过电 e 宝注册服务进行注册：注册电 e 宝可选择 PC 电脑端进行注册，也可下载电 e 宝 APP 进行基本信息注册（网址为：www.95598pay.com），输入需注册的手机号，点击获取短信校验码，输入校验码，设置登录密码，确认登录密码，勾选电 e 宝用户服务协议，点击注册；电 e 宝对用户填写的基本信息是否已经存在进行判断，并对注册信息的基本信息合法性进行校验；点击注册，成功进入电 e 宝登录界面，如图 4-9 所示。

进行快捷支付银行卡与提现银行卡绑定，点击钱包-银行卡，进入我的银行卡界面，点击"快捷支付银行卡"，添加银行卡，选择银行，可选择借记卡或信用卡绑定，输入持卡人姓名、银行卡号、身份证号、手机号、短信验证码，勾选协议，如图 4-10 所示。

图 4-9　电 e 宝注册图示　　　　图 4-10　绑定银行卡图示

用户为电 e 宝余额账户进行充值，已绑定银行的用户选择已绑定的银行卡进行充值。点击电 e 宝首页钱包—充值功能，进入充值界面，输入金

额，点击下一步；输入支付密码，点击"发送验证码"，输入验证码，完成充值，如图 4-11 所示。

图 4-11 电 e 宝充值电费图示

现在用户可选择支持省份，并输入客户编号进行电费交纳，点击"生活交费"选择交费省份，填写客户编号，如图 4-12 所示。

图 4-12 电 e 宝充值缴费图示

点击"立即交费",显示用户信息,输入金额点击"确认支付",如图 4-13 所示。

图 4-13 确认支付及支付方式选择图示

选择支付方式,输入支付密码及校验码,点击"确定",完成支付,如图 4-14 所示。

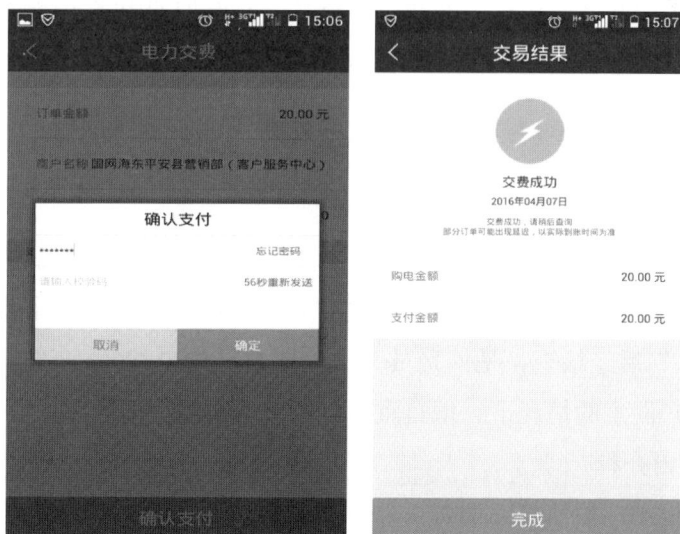

图 4-14 支付成功图示

≫ 【典型案例】

一、主动沟通释误会，优质服务要到位

1. 案例描述

某日，客户林某拨打 95598 热线反映其未办理过智能交费业务，却变成了智能交费客户，现客户对此表示不满，要求尽快核实处理。

2. 原因分析

客户林某拨打 95598 热线反映其未办理过智能交费业务，现变成了智能交费客户，表示不满。经查，某房地产开发商被授权委托帮住户与供电公司签订供电用合同及其他协议（包括智能交费协议），但林某入住该小区时，小区物业并未告知其已为其办理了智能交费业务，林某表示不满，拨打 95598 咨询，95598 下发了投诉工单。

3. 防控措施

加强与房地产开发商的沟通联系，确保开发商将智能交费业务等相关事宜告知到位。

强化主动服务意识，主动联系小区住户，及时告知客户被委托办理相关事项，做好沟通解释工作，避免误会引起投诉。

二、短信订阅要规范，擅自订阅不应该

1. 案例描述

某月 3 日，某供电所接到 95598 有关催收的投诉，工单描述："我上个月已经到供电所营业厅登记取消了电费短信订阅，为什么这个月还是受到电费短信。"后经核查，是催费员为了完成自己的电费短信订阅指标任务，在未经用户同意的情况下，擅自重新订阅了电费短信而导致投诉发生。

2. 原因分析

该案例中，短信订阅催费虽然方便了客户及时交纳电费，但催费员未与客户沟通便私自订阅电费短信，违反客户意愿。

3. 防控措施

首先，要做好与客户沟通的工作，说明短信订阅对客户了解用电情况和及时掌握交费信息的重要性。其次，要尊重客户习惯，不能违反客户意愿。

任务二 电 费 回 收

≫【任务描述】 本任务主要讲解日清日结及欠费停电有关规定等内容。读者通过对这些知识的学习，能够了解电费回收工作中的基本知识点，熟悉电费回收的方法和措施，掌握在电费回收工作中引发投诉的风险点及防范措施。

≫【知识要点】

一、日结日清

电费收取应日结日清。收费人员每日将现金交款单、银行进账单、当日电费汇总表交电费财务人员。

（1）收取现金时，应当面点清并验明真伪。收取支票时，应仔细检查票面金额、日期及印鉴等是否清晰正确。

（2）每日收取的现金及支票应当解交银行。由专人负责每日解款工作并落实保安措施，确保解款安全，当日解款后收取的现金及支票按财务制度存入专用保险箱，于次日解交银行。

（3）客户实交电费金额大于应交电费时，做预收电费处理。

二、违约金的规定

1. 电费违约金计算方法

《国家电网公司关于进一步规范供用电合同管理工作的通知》（国家电网营销〔2016〕835 号）中对合同约定进行了统一规范，将公司统一合同文本违约金条款修改为："用电人违反本合同约定逾期交付电费，当年欠费部分的每日按欠交额的千分之二、跨年度欠费部分的每日按欠交额的千分之三计付，但不超过造成损失的百分之三十。"修改违约金与欠费交纳冲抵顺序条款，供用电合同中增加用户在交纳电费时应先冲抵到期电费债务的约定，即用户应先交纳电费欠费后再交纳违约金。

2. 违约金免计与退还

以下因非客户原因引起的逾期交费，可申请免计违约金：①因供电企业工作人员工作差错或电费计算出现错误，影响客户按时交纳电费而产生的电费违约金；②银行代扣电费，因系统或银行方原因延缓扣款而产生的电费违约金；③因营销业务应用系统客户档案资料不完整或错误，影响客户按时交纳电费而产生的电费违约金；④客户通过网上银行等交费渠道"倒交"电费，未及时通知收费人员造成滞后销账而产生的电费违约金；⑤经审批同意核销的电费呆坏账，同步存在的电费违约金。

对因免计原因导致实际多收取的电费违约金，应退还客户。电费违约金退还，由抄表班（营业班）在营销业务应用系统中发起电费违约金转预收流程，经审批后由电费账务班处理。若客户要求直接退还电费违约金，视同电费退费处理。具体程序按照《国网浙江省电力公司电费收费业务规范》执行。完成电费违约金退还后，流程发起人应及时通知客户。

三、欠费停电时限

根据《电力供应与使用条例》，逾期未交付电费的，供电企业可以从逾期之日起，每日按照电费总额的1‰～3‰加收违约金，具体比例由供用电双方在供用电合同中约定；自逾期之日起计算超过30日，经催交仍未交付电费的，供电企业可以按照国家规定的程序停止供电。停电通知书需按规定履行审批程序，在停电前3～7天内送达客户，可采取客户签收或公证等方式送达。停电计划经审批后，提前7天发送客户欠费停电通知书，并请客户签收。实施停电前 30 分钟应再通知客户一次，方可实施停电。

> 【技能要领】

一、错收电费处理

当天解款前发现实收金额与销账金额不一致时，营业厅收费人员应及时汇报给营业厅当值值长，查明原因并进行退或补款纠正，长款必须上交。当天解款前发现收费户号错误，应对错收客户进行冲账处理，并重新正确销账。如果已打印发票的，由营业厅收费人员负责收回电费发票并作废。电费解款后发现的实收差错，由营业厅收费责任人员书面填写电量电费退款（冲账）审批单，注明理由、退款金额，并发起实收差错处理流程；对已经打印电费发票并且电费发票错误的，由原窗口收费责任人员负责收回电费发票并作废。

对客户错收或溢收等原因需要退还电费的，由窗口收费责任人通过营销业务应用系统发起退费申请，同时填写电量电费退款（冲账）审批单报各级负责领导审批。退费审批实行按金额一口审批。经审批同意后，由营业厅收费人员负责获取客户退款凭据。退款时，非自然人客户应提供单位出具的收款收据、收款银行及账号；自然人客户应提供户主、经办人各自身份证复印件和个人收款收条，并随同退款审批单移交财务部门。

二、分次结算协议维护

为减少电费回收压力，对高压客户实行分次结算，通过系统对分次结算协议进行维护，利用查勘人员账号登录"营销业务应用系统"，进入"电费收交及营销账务管理≫客户交费管理≫分次结算协议维护"，对指定客户进行分次结算协议维护，并修改违约金起算日，如图 4-15 所示，保存即可。

图 4-15　分次结算协议维护界面

》【典型案例】

一、核对单据勿送错，优质服务无小事

1. 案例描述

某供电所抄表催费员李某在打印完自己负责的催费单后，匆匆忙忙到客户所在的某某花苑小区送达催费单，由于没有仔细看清用户编号，导致错将 104 室客户的催费单送到 101 室客户手中。客户表示自己很忙，匆匆看了看催费单上的电费金额后，将现金给了催费员希望帮其代交，后来客户发现催费单的地址错误，便拨打 95598 投诉，经认定属实。

2. 原因分析

该案例中，抄表催费员没有仔细核对客户信息，造成客户错交电费，给用户带来不便，也给公司形象带来损失。

3. 防控措施

首先，抄表催费员要认真核对客户欠费通知单，以免送错单造成交错费；其次，订阅居民电费短信，加强电子账单和预付费模式的推广。

二、流程执行不严格，重复收费引投诉

1. 案例描述

某月 20 日，某供电所接到 95598 有关催收的投诉，工单描述："我这

个月 11 号已经用支付宝交了电费，但 12 日抄表催费员到我家催收电费，我不在家，找我父母收了现金，抄表催费员是不是截留了电费，为什么到 20 号还没有退还给我，请你们调查清楚给我一个答复。"

2. 原因分析

该案例中抄表催费员未及时核对更新欠费信息，导致重复收取电费；收取电费后又未及时进行账务处理，导致多收电费遗留在自己手上。

3. 防控措施

（1）进一步加强电子渠道宣传推广力度，积极向广大电力客户宣传线上渠道交费带来的高效性和便捷性，争取客户都通过线上交费，同时，缓解催费压力。

（2）针对特殊群体，现场催费前务必通过支付宝等交费平台查询客户欠费情况，确认仍欠费的，再向客户催收电费。

（3）树立实时更新催费清单意识，及时更新催费清单，避免重复收费投诉发生。

（4）因特殊原因（无通信信号等），向用户收取电费后，未能及时帮用户现场交清时，要及时与用户进行有效沟通，告知用户详情，并把催费员自己的联系号码留给客户，方便客户咨询或交费。

三、欠费停电不合规，赔偿责任须承担

1. 案例描述

某月 25 日，某供电所抄表催费员对仍然欠费的某造纸厂发送欠费停电通知书，26 日上午对其进行了停电，造成该客户生产设备损坏，损失达 20 万元。该客户后到法院起诉，法院判定供电公司承担责任并赔偿损失。

2. 原因分析

法院认为原告和被告是供用电关系，该供电所欠费停电手续不规范，未严格按照《供电营业规则》相关规定执行欠费停电程序。判决供电公司赔偿造纸厂经济损失 20 万元并承担案件受理费。

3. 防控措施

首先，针对欠费客户，必须严格按规定执行欠费停电程序；其次，执

行欠费停电时，尤其是重要电力客户，务必现场查勘是否具备停电条件，防范停限电造成人身伤亡和环境污染等安全事故的风险。

四、电费催收有技巧，柔性催费真是棒

1. 案例描述

某分次结算的客户，25 日人工电话催费，客户回复保证月底前交付电费。月底前一天仍未交付，抄表催费员打电话给客户，对方未接；到厂房视察，关闭。门卫说老板娘出车祸住院了。抄表催费员当即购买了鲜花水果，到医院看望客户（病人），以普通朋友的身份，关心客户伤势及恢复情况，以诚相待，最后终于感化了客户，客户对欠费表示歉意，并当即打电话给其小姐妹结清电费。

2. 原因分析

以情感化客户。催费对事不对人，做好与客户的沟通工作，争取客户对个人工作的理解，促使客户主动交费。

当然对于某些客户，采用柔性催费措施仍无法回收电费的，也可以软硬兼施，在电费逾期 30 日经催交仍未交付的，可按规定程序欠费停电。柔性催费，一方面告知停电可能会带来的经济损失，另一方面及时告知客户交费的渠道，督促客户在执行停电前及时交费。

任务三 风 险 防 范

≫ 【任务描述】 本任务主要讲解信用等级划分和电费担保的主要方式等内容。读者通过对这些知识的学习，能够了解客户信用等级划分主要原则，熟悉电费风险预警对象类型，掌握电费担保实施范围及划款处理欠费等知识。

≫ 【知识要点】

一、信用等级划分

（1）信用优秀（A 级）：连续三年内无窃电及违约用电行为，按约定采

取分次结算、预付电费结算、存单质押或履约保函，截至上月底累计欠费为 0，并连续 12 个月未发生拖欠电费情况。

(2) 信用良好（B 级）：连续三年内无窃电及违约用电行为，截至上月底累计欠费为 0，并连续 12 个月未发生拖欠电费情况。

(3) 信用一般（C 级）：连续三年内无窃电及违约用电行为，截至上月底累计欠费为 0，连续 12 个月中有拖欠电费的情况发生，但经催收，当月仍能交清电费。

(4) 信用较差（D 级）：连续三年内无窃电行为，有违约用电情况发生，连续 12 个月内有拖欠电费的情况发生，截至上月底累计欠费不超过连续 12 个月的月平均电费。

(5) 信用很差（E 级）：连续三年内有窃电行为，连续 12 个月内有多次拖欠电费的情况发生，截至上月底累计欠费超过连续 12 个月的月平均电费，以及除以上四级以外的其他电力客户。

二、电费担保的主要方式

(1) 以客户在金融机构的存款担保。
(2) 以客户预存电费冻结方式担保。
(3) 由其他信用良好的用电企业提供担保。
(4) 用客户资产抵押进行担保。
(5) 法律法规认可的其他担保方式。

三、一户一策

一户一策是指为了提前做好回收风险防范，对特殊客户指定专项的风险预警策略。主要对象：当年出现两次及以上欠费的客户；签订的欠费还款计划连续三个月不能兑现的客户；连续两个抄表周期门闭的非居民客户；除居民客户外连续两个月无电量的客户；有转制、倒闭、破产可能的客户；承包、租赁即将到期且有逃费迹象的客户；有违约用电或窃电迹象的客户；电力客户信用等级为 C 级、D 级、E 级的客户；被金融部门列入高风险贷款客户名单的客户；被工商机关、消费者协会、媒体等机构曝光揭露有影响信用行为的客户；有可能影响电费及时回收的其他情况。

≫【技能要领】

一、电费担保实施范围

（1）国家产业政策限制类行业的新装、增容及其他变更用电的客户，国家产业政策淘汰类行业的其他变更用电的客户。

（2）欠费停电后要求恢复供电的非居民客户。

（3）被查实有窃电行为的客户。

（4）有严重违约用电行为的客户。

（5）承包租赁、临时性用电的客户。

（6）信用等级较差、电费风险较大的客户。

二、用户窃电及违约失信纳入征信体系

1. 业务说明

2015 年 12 月，国网浙江省电力公司与中国人民银行征信中心浙江分中心签订了《电力客户用电信用信息共享合作协议》。自 2016 年 1 月起，用电客户失信信息将纳入浙江省信用信息辅助系统。

2. 电力征信数据的抽取范围和规则

（1）最近 12 个月有两次及以上逾期缴费记录的用户（判断依据为存在违约金）。

（2）窃电违约。

1）最近 12 个月内存在窃电行为的用户，自动触发征信审批流程。

2）最近 12 个月内存在违约用电行为，分类为高价低接、超容、私自迁移、更动和擅自操作供电企业的用电计量装置、私自转供电的用户，自动触发征信审批流程。

3）窃电或违约用电处理的追补电费和违约使用费总金额超 3 万元以上

的用户，自动触发征信审批流程。

4）用户存在窃电及违约用电行为的用户且被查处后一个月内不配合改正，未交纳相关费用（指未发起电费退补等窃电、违约用电处理流程，但证据完整），可人工触发征信审批流程。

（3）最近 12 个月存在用支票方式支付电费并存在两次或两次以上退票记录的用户（后台无法统计，由各单位手工添加至每月发送数据中）。

（4）居民用户需要有身份证信息，且户名和身份证名字一致的用户是有效用户（实名制的为有效），不符合上述条件的不能审核通过并上报。传输明细内容包括：用户名、身份证号码、地址、欠费次数、欠费金额、地区代码、窃电金额、备注。

（5）非居用户需要有工商注册号或者企业组织机构代码证的为有效用户，不符合上述条件的不能审核通过并上报。传输明细内容包括：企业名称、电力户号、地址、欠费次数、欠费金额、营业执照号、组织机构代码、税务登记证号、地区代码、窃电金额、退票次数、欠费说明、备注。

（6）抽取范围为浙江省所有用户。

（7）居民和非居用户取决于抽取当月用户档案中的用户分类，高压用户和低压非居用户属于非居用户，低压居民用户属于居民用户。

》【典型案例】

私自垫付拒偿还，沟通无果诉法院

1. 案例描述

张某是某供电公司供电所的一名职工，负责电费收缴工作。2007 年以来，每当张某抄表收费时，该村用电户陈某总找各种理由拖欠不缴。因线路铺设问题，如果给陈某家停电会直接影响其他用户的正常用电。另外，按照供电公司原内部绩效考核规定，若在规定的期限内不能将所有用电户的电费全额上缴，则会影响本人的工资发放，也会影响所在供电公司在省公司内部的绩效成绩。为了避免陈某拖欠电费被停电，也为了公司及本人绩效考核着想，张某经常向供电公司垫付陈某所欠的电费。至 2015 年 6

月，张某已累计为陈某垫付电费 3.4 万元，但陈某拒绝偿还，张某遂诉至法院。法庭上，陈某辩称，电费的收缴应由供电公司向用电户收取，自己从未委托张某向供电公司交纳任何电费，故张某的起诉于法无据，不同意偿还。

法院经审理认为，供电公司作为电力供应企业为陈某提供了电力产品，陈某使用该公司提供的电力产品，其与供电公司之间形成了供用电合同，陈某作为合同一方当事人，具有履行支付电费的义务。本案中，张某并无法定或约定的义务为陈某垫付其所欠供电公司的电费，但基于陈某的利益（为避免陈某因欠电费停电或产生滞纳金）向供电公司支付了陈某所欠的电费，客观上对陈某的事务进行了管理，避免了陈某损失的扩大，也不违反陈某应缴电费的本意。张某向供电公司支付陈某所欠电费行为属于无因管理，陈某应当返还张某为其垫付的电费，故依法判决陈某支付张某垫付电费 3.4 万元。

2. 法律风险点分析

无因管理是指没有法定或者约定义务，为避免造成损失（损失既包括自己也包括他人，或者仅为他人），主动管理他人事务或为他人提供服务的法律事实。管理他人事务的人，为管理人；事务被管理的人，为本人。无因管理之债发生后，管理人享有请求本人偿还因管理事务而支出的必要费用的债权，本人负有偿还该项费用的债务。无因管理是一种法律事实，为债的发生根据之一。无因管理之债的产生是基于法律规定，而非当事人意思。

就本案而言，张某向供电公司支付陈某所欠电费行为符合无因管理的构成要件：一是管理人没有法定的或者约定的义务。如果管理人按照合同约定对于他人负有义务时，不能成立无因管理。比如管理人与他人签有代理、雇佣、承揽合同时，管理人与他人之间的法律关系，此时应依合同关系确定，不能成立无因管理。二是管理人须为避免他人利益受损失而管理。这是无因管理成立的主观要件。三是客观上管理人进行了管理行为或提供了服务。因此，张某作为"管理者"因管理他人事务产生的费用，根据法律规定，陈某应予偿付。

3. 服务风险点分析

（1）张某催收无果，未与陈某沟通，私自垫付多月电费，陈某拒绝偿还而不得已诉讼法院。

（2）张某催收无果、私自垫付电费等事宜未及时向上级汇报，也未及时采取其他可行性措施。

4. 防控措施

（1）强化抄收人员的主动服务意识，积极主动与客户沟通协商，不要私自为客户垫付电费，避免发生电费纠纷。

（2）进一步细化完善电费回收考核制度，强化催费人员责任意识，培养良好的催收费习惯，避免因催收费过程发生投诉或其他舆论事件。

（3）主动加强与县级政府主管部门的联系沟通、协调，充分调动各方资源，争取政府支持。

（4）对已签订质押担保、银行履约保函等协议的欠费客户，应凭质押协议书、保函、欠电费凭证（加盖公章）等单据，向相关担保方索取担保资金用于支付欠费和电费违约金。必要时，应通过司法途径追回所欠电费及电费违约金。

任务四 账 务 管 理

≫ **【任务描述】** 本任务主要讲解账务管理中应收、实收、预收电费管理等内容。读者通过对这些知识的学习，能够了解账务管理的相关知识，熟悉票据管理的相关要求，掌握正确规范处理账务的重要性。

≫ **【知识要点】**

一、应收管理

应收电费应设立台账，所有应收电费必须纳入营销业务应用系统管理。

核算班核算员负责应收目录电费、各类代征费等明细数据的统计和审核。

对电费发行以后发现的应收电费差错，必须在营销业务应用系统内通过电量电费退补流程进行退补处理，完成后在应收电费台账中进行补登记。

当月应收电费台账的登账工作必须在应收电费关账前完成。关账以后产生的应收电费记入次月的应收电费台账。

应收电费关账后，核算员统计生成应收电费月报表，核对无误并签字、盖章后，交财务部门。

二、实收管理

实收电费应设立台账，所有实收电费必须纳入营销业务应用系统管理。实收电费台账应登记实收电费金额、预收电费金额、违约金金额、收费方式、收费时间、收费人员等信息。

实收电费台账在电费实收后应逐笔进行登记。收费记录一经核定，不可修改。当发生收费差错时，应在营销业务应用系统中，通过冲正或补记进行处理。

电费账务人员应在收费解款后3个工作日内完成解款核定，并将现金解款单、支票进账单等解款单据按照财务部门的要求及时移交。

电费账务人员必须每日监控现金和支票交费情况，对营销业务应用系统内的收费记录、解款记录和收费责任部门上缴的银行解款凭证进行稽核，督促收费责任部门及时解款。

财务人员应按时从解款银行获取上一天电费账户对账单流水或银行资金入账单据，导入营销业务应用系统与一次销账记录进行勾对，完成资金二次销账。二次销账要求解款核定后7个工作日内完成。

三、预收管理

预收管理是对预收款收取、冲抵相关工作的管理。

预收款收取是实收款项中的一个组成部分，按"客户电费交费管理"的方式进行收取。如果有预收款，制作实收报表时，应提供预收明细清单。

电费发行时，应自动冲抵预收款。

监控预收款的收取及冲抵，定期按单位制作预收款冲抵报表并进行审核。

【技能要领】

一、票据管理

票据管理工作主要是指对电费普通发票、增值税发票、托收凭证、收款收据等各类票据的保管、领用、核销管理。

1. 票据入库

市公司营业及电费室或县公司业务管理室每季度将电费票据需求计划报本单位财务部门，财务部门负责向税务机关进行电费票据的申请印制和购买工作。

票据管理人员根据核定的使用数量向财务部门领用实物票据，同时在营销业务应用系统中对领用的票据进行登记入库。登记入库时，输入票据类型、票据批号、票据印刷起始和终止编号，并核对确认无误后方可入库，如图 4-16 所示。对于同一批号的票据可以分多次入库，但同一批号同一印刷编号只能入库一次。

图 4-16 票据入库操作界面

2. 票据领用

票据管理人员根据票据使用部门的票据领用需求进行票据发放，票据发放必须严格遵循票据领用登记制度，在票据登记簿上记录票据领用日期、票据数量、票据起止号码、领用单位等信息，并由领用人签收，同时在营销业务应用系统中对领用的票据进行分发，如图 4-17 所示。

图 4-17　票据领用操作界面

3. 票据开具

票据使用人员在开具发票时，必须保证开具发票的真实性、完整性、合法性，填票内容与发票的使用范围相一致。在开具票据时，必须按号码顺序填开，要求填写项目齐全，内容真实，填票内容与票据的使用范围相一致，字迹清楚，多联票据一次打印，内容完全一致，并在票据上加盖收费专用章。机打发票严禁手工开具。对同一笔电费、营业费只能开具一次票据，严禁转借、转让、代开或重复出具票据。未经税务机关批准，不得扩大票据的使用范围。

电费发生月起 12 个月内，当客户需要发票时，持电费支付凭证和本人有效身份证件到供电营业网点开具电费专用发票。收费人员在核实客户身份、确认客户电费已结清且未打印过发票后，开具发票并做好客户发票领取的登记和签收工作。超过期限后不再调换或补开发票。

开具票据时，应在营销业务应用系统中如实登记开票时间、开票人、票据类型和票据编号等信息，核对无误后方可出票。客户需要开具电费增值税发票的，应提前提出申请，并提供增值税一般纳税人资格证书及复印件、银行开户名称、开户银行和账号等资料，经审核确认后，从申请当月起开具电费增值税发票，客户申请以前月份的电费发票不予调换或补开增值税发票。

增值税开票人员每月应按时从营销业务应用系统中生成客户的电费增值税专用发票数据，导入国税税控系统后开具电费增值税专用发票。

4. 票据差错处理

遇客户遗失票据，应由客户提出书面申请，经电费账务班审批后，再根据票据联次情况进行办理：①遗失多联式发票联，提供原票据存根联复印件并加盖公章后交给客户。②遗失单联冠名机打发票，用空白纸补打后加盖发票专用章交给客户。

在开具增值税专用发票后，如发生增值税专用发票票据差错或无法认证等情况，应按照以下规定处理：

（1）当月票据差错且未报税的，必须收回原发票联和抵扣联并作废，同时开具正确的票据。作废票据应在营销业务应用系统中进行登记，并在票据各联上加盖"作废"章，票据各联应保持完整，不得私自销毁。

（2）往月票据差错已报税的，必须收回原发票联和抵扣联，开具相同内容的红字发票，并将收回的发票粘贴在红字存根联后面以备核查，同时开具正确的票据。需要开具红字增值税发票的，必须取得税务部门出具的同意开具红字增值税专用发票通知单，通过营销业务应用系统生成红字发票信息并导入增值税专用税控系统开具。

（3）客户无法退回增值税发票的发票联和抵扣联，须取得国税部门开具的进货退出或索取折让证明单，才能向客户开具红字发票作为扣减销项税额的凭证。

在开具增值税专用发票的发票联和抵扣联后，如购买方（客户）发生增值税遗失情况，应按照以下规定处理：

（1）如果遗失前未认证，购买方（客户）提供登报丢失申明、单位丢失说明（公章）；销售方（供电公司）出具丢失增值税专用发已报税证明单、记账联复印件和购买方（客户）的材料报送国税局；税务审核同意后反馈证明单，销售方（供电公司）将记账联复印件盖章后交购买方（客户）进行认证抵税。

（2）如果遗失前已认证相符，根据税务要求由客户自行去其主管国税局办理。

在开具电费普通发票或营业收费服务业普通发票后，如发生票据差错或者发生营业退费时，应按照以下规定处理：

（1）当月发现的票据差错，必须收回原发票联并作废，同时开具正确的票据。作废票据应在营销业务应用系统中进行登记，并在票据各联上加盖"作废"章，票据各联应保持完整，不得私自销毁。

（2）次月以后发现票据差错，必须收回原发票联，并开具相同内容的红字发票，收回的发票联必须粘贴在红字存根联后面以备核查，同时开具正确的票据。

（3）当月发生营业退费的，必须收回原发票联并作废。作废票据应在营销业务应用系统中进行登记，并在票据各联上加盖"作废"章，票据各联应保持完整，不得私自销毁。

（4）次月以后发生营业退费的，必须收回原发票联，并开具相同内容的红字发票，收回的发票联必须粘贴在红字存根联后面以备核查。

5. 票据返还

由于工作人员的工作调动等原因，已领用人员需要将未用票据返还，供其他工作人员领用。返还未用票据时需记录返还结果：返还人员、入库人员、返还时间、入库机构、票据使用部门、张数、票据类别、票据号码等信息。如图 4-18 所示。

6. 票据的保管

票据使用部门应设专人专柜负责保管空白票据、收费专用章和票据登记簿。一旦发现空白票据丢失，应迅速上报财务部门和安监部门。财务部门应在遗失或被盗当天及时书面报告税务机关，并在报刊等新闻媒介上公开声明作废。

图 4-18 票据返还操作界面

票据管理和使用人员调动工作时，必须办理交接手续，移交票据、发票专用章及票据登记簿。

票据使用人员每日应对当天已使用发票进行整理。票据使用部门每月应编制各类票据使用月报表，并上报财务部门。

票据使用人员对已使用的票据存根和作废票据，应及时在营销业务应用系统中进行缴销，并按月分类装订成册，添加封面，封面上注明票据起止号码、汇总金额、作废票据的份数和号码等，定期交电费账务班，经电费账务班清点汇总后统一交回本单位财务部门。

二、账务管理

1. 进账信息

在收费销账界面里确认收费后，营销业务应用系统按照收费方式、结算方式自动生成进账信息。其中，现金交费的，系统生成解款单，提供给收费人员进行现金进账；非现金交费的，系统根据登记收费的结算方式、票据编号、票面金额、进账银行生成进账单信息，如图 4-19 所示。

图 4-19　进账信息图示

2. 进账单冲账

当营销业务应用系统生成的进账信息与实际收取费用不一致，即错销账且资金尚未进账到指定银行时，选中系统生成的进账单，确认冲账处理，系统将取消当笔电费销账并作废进账信息。收费员核实收费情况并重新销账后，系统将生成正确的进账信息。

3. 解款撤还

当某笔解款资金经核实无法到账的，通过解款撤还功能取消交款，并撤销当笔解款对应的所有实收销账记录，如图 4-20 所示，待款项追回后，重新销账并解款。

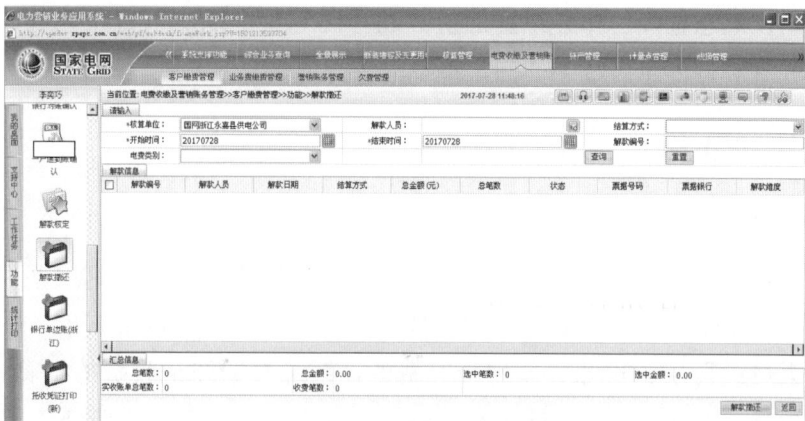

图 4-20　解款撤还图示

4. 到账确认

营销业务应用系统根据单号、金额、到账日期、借贷和结算方式一致的原则，将进账信息与银行提供的对账单信息进行对账，能成功关联的，自动对账，记录到账确认日期、到账确认人等信息，如图 4-21 所示。对于无法确定关联关系的部分，由人工进行对账处理，系统提供按金额、进账银行、进账日期等多种辅助对账提示，便于操作人员逐笔核对。

图 4-21　到账确认图示

5. 未达账管理

营销业务应用系统提供对"银行未达电力已达""电力未达银行已达"等各类未达账项的统计、查询、打印功能，便于收费、账务人员分析未达账行程原因，及时处理。

≫ 【典型案例】

一、票据管理不规范，多跑怨路心不满

1. 案例描述

2015 年 5 月 26 日，客户张某到营业厅交清电费，要求领取增值税发票，营业厅人员告知过几天可以领取。5 月 29 日客户张某再次前往营业厅领取发票，受理人员告知客户"发票上面已经打印好但还没有送到营业厅"。5 月 30 日，因已至月末，客户张某急需发票进行报销，第三次到营业厅领取发票仍未领到，客户极为不满，致电 95598 投诉。

2. 原因分析

（1）营业厅人员受理业务时，未执行"一次性告知"工作要求。营业人员在受理客户交费业务后，对不能当场交付增值税发票的原因未能准确说明，未能跟踪催办客户诉求，导致客户多次往返，引发矛盾。

（2）营业厅人员服务风险防控意识淡薄。营业人员对客户连续两次前来领取发票未成功事件的风险程度未引起重视，主动服务意识欠缺，引发客户不满升级。

（3）电费增值税发票管理流程不畅。票据打印、递送、通知领取等环节工作责任及时限要求不明确，导致发票打印完成后迟迟无人递送，工作环节失控。

3. 防控措施

（1）重申营业厅人员首问责任制要求，细化首问责任制工作登记、跟踪、催办、反馈各环节要点，实现闭环管理。加强主动服务意识教育，收费时主动告知客户发票领取方式，记录客户联系电话以便及时通知客户领取。

（2）进一步做好服务风险防控。定期梳理、修订营销服务风险点及防控措施，编制风险点防控手册，组织一线营业人员定期学习，提升服务风险防控意识。面对服务风险做到及时沟通、及时处理，对自身能力无法合理处置的事件，及时报备。

（3）在票据使用及管理业务规范基础上，结合工作实际，细化电费票据打印、递送、通知领取等环节工作责任和时限要求，顺畅发票内部传送渠道，压缩传送时间，尽早向客户提供电费发票。

二、账务处理要规范，管理制度要遵守

1. 案例描述

某企业抄表例日为每月 20 日，2015 年 6 月应收电费 563215.52 元，该企业在本月底 30 日前以多种资金结算形式混用结清欠费。6 月 26 日该企

业以汇票 500000.00 元，转账支票 60000.00 元交付电费，承诺剩余 3215.52 元以现金方式于 6 月 30 日结清。收费员陈某以该企业信誉良好、前期未发生欠费，且与该企业办理电费结算的业务员较熟为由，未对银行承兑汇票进行审核，于 6 月 26 日以转账支票 560000.00 元、现金 3215.52 元的结算方式销了该企业本月电费 563215.52 元。请对以上业务事件中不妥的地方进行分析，并对该业务进行账务处理。

2. 原因分析

（1）不得将未收到或预计收到的电费记入电费实收。

（2）客户同时采用两种以上支付方式结算电费的，应正确选择结算方式。银行承兑汇票的收取按本单位票据管理制度执行。该收费员 500000.00 元电费结算方式错误，不应当以转账支票方式结算，结算方式应当选为银行承兑汇票，并且应当验证票据有效性。

3. 防控措施

加强专业人员技能素质综合培训，强化业务人员的责任意识和电费风险防范意识。

项目五

新型业务

◈ **【项目描述】** 本项目包含市场化核算、光伏发电业务及差异化催费等内容。通过知识要点介绍、技能要领解说、典型案例分析，了解市场化核算的基本知识，熟悉市场化核算和光伏电费结算流程，掌握差异化催费的工作方法等内容。

任务一　市　场　化　核　算

◈ **【任务描述】** 本任务主要讲解市场化客户和市场化属性分类等内容。读者通过对这些知识的学习，能够了解市场化核算的全过程，熟悉市场化核算的用户档案管理，掌握市场化核算的抄表复核相关流程。

◈ **【知识要点】**

一、市场化客户

市场化客户是指满足政府规定的市场准入条件、选择向售电公司或发电企业购电的客户，包括市场化零售客户、市场化直接交易客户。

市场化零售客户是指满足政府规定的市场准入条件、选择向独立售电公司购电的客户。该客户的报装、计量、抄表、维修、收费等各类供电服务由电网企业提供。

市场化直接交易客户是指满足政府规定的市场准入条件、选择向发电企业购电的客户。该客户的报装、计量、抄表、维修、收费等各类供电服务由电网企业提供。

非市场化客户是指售电主体为电网公司，并与电网公司存在供用电关系的用电客户。

二、市场化属性分类

市场化属性分类是描述售电侧放开后，用电客户的市场化属性，其属性分类分为市场化零售、市场化直接交易、非市场化。

购售关系是特指市场化零售客户与独立售电公司之间的购售电关系。业务包括购售关系建立、变更、解除，市场化零售交易电价变更。

零售交易电价是指售电公司与市场化零售客户在购售电合同中约定的电价分类与水平。

直接交易关系是指市场化直接交易客户与发电企业、电网之间的购售电关系。直接交易关系业务包括直接交易关系建立、状态变更、解除，直接交易电价变更。

【技能要领】

一、抄表管理

1. 抄表段维护流程

抄表段属性增加市场化零售、市场化直接交易两个属性，如图 5-1 所示。

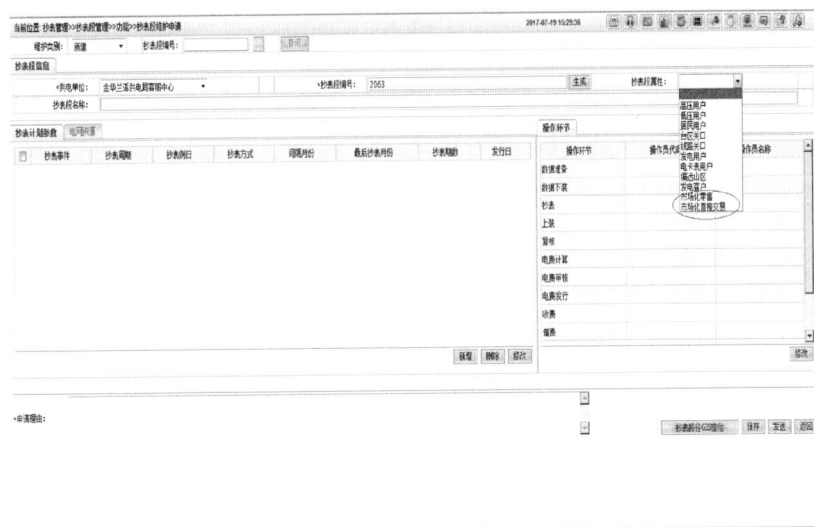

图 5-1 市场化客户抄表段维护流程界面

抄表段维护流程，操作环节增加电量计算、交割电量确认、分割电量确认三个环节，如图 5-2 所示。这个目前浙江没有采用，选择核算班的人员即可。

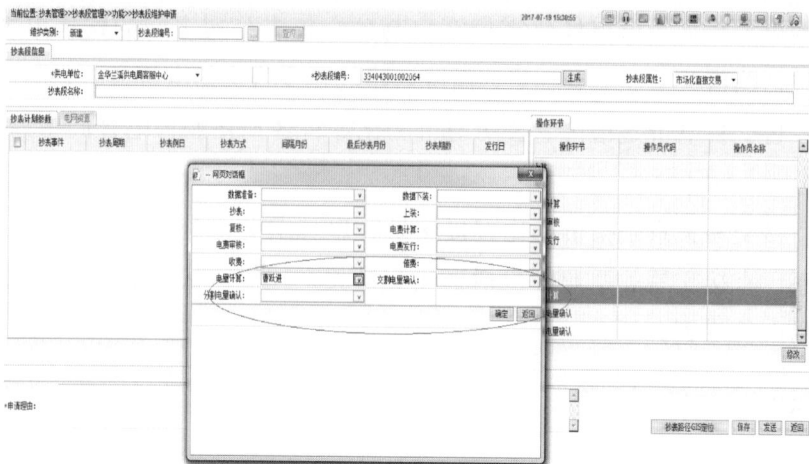

图 5-2　市场化客户抄表段维护内容选填图示

市场化零售属性的抄表段，抄表例日只能是 1 号，其他没有限制，如图 5-3 所示。

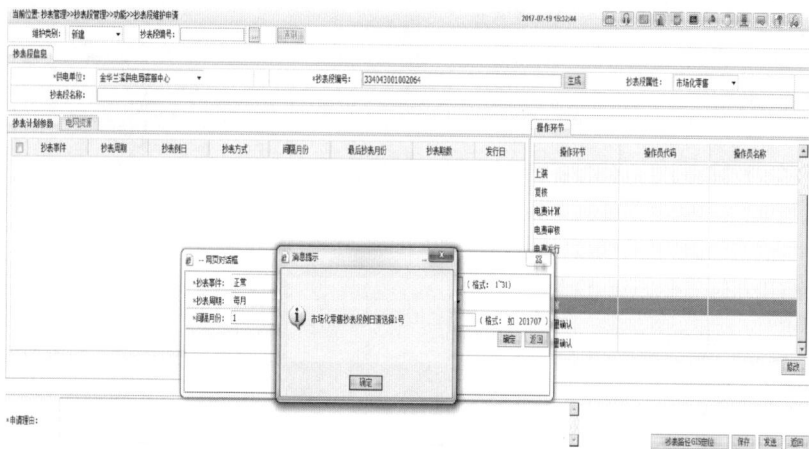

图 5-3　市场化零售属性的抄表段抄表例日设置图示

2. 新户分配抄表段

非直接交易用户不能分配到市场化直接交易抄表段，如图 5-4 所示。

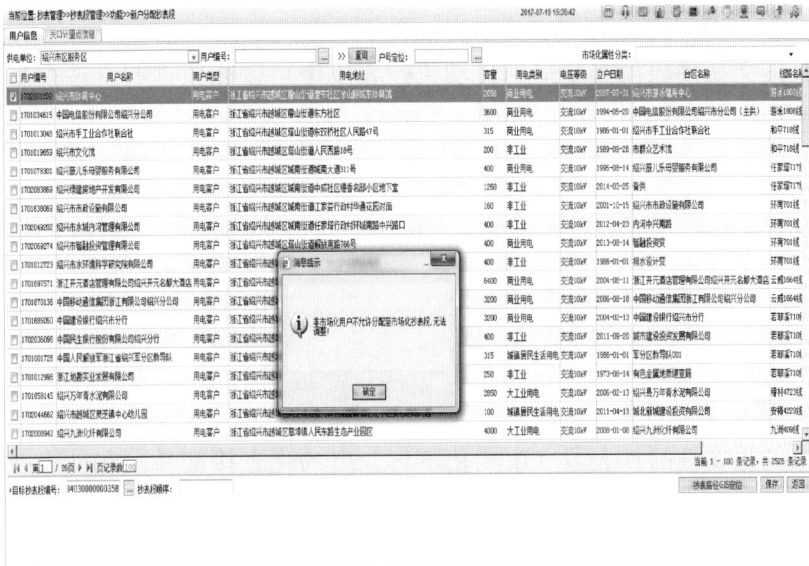

图 5-4　市场化客户分配抄表段图示

直接交易用户不能分配到非直接交易抄表段，如图 5-5 所示。

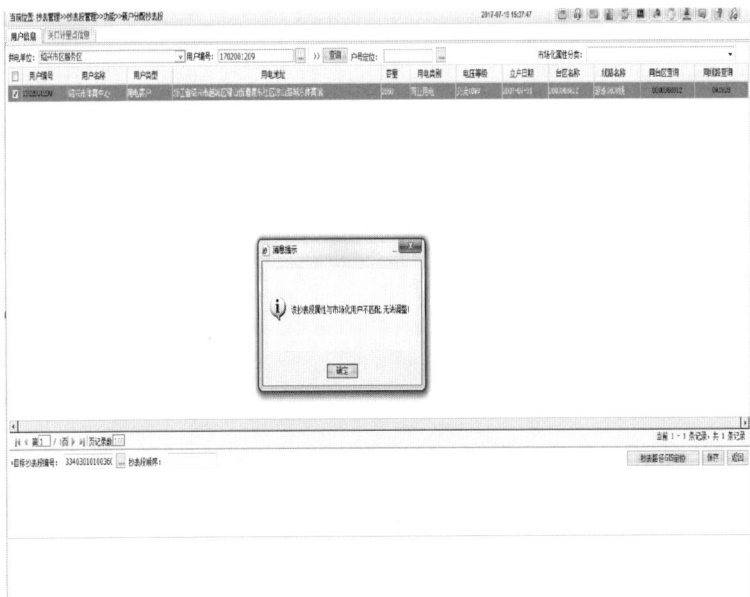

图 5-5　直接交易用户不能分配到非直接交易抄表段图示

3. 智能核算抄表段维护

直接交易抄表段需维护到自动化抄表段中，智能核算的直接交易抄表段需维护到智能抄表段中，如图 5-6 所示。

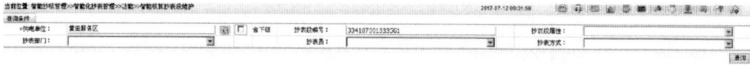

图 5-6　智能核算抄表段维护图示

4. 抄表数据复核

市场化属性的抄表段（市场化零售、市场化直接交易）在抄表数据复核发送后流程即结束，如图 5-7 所示。

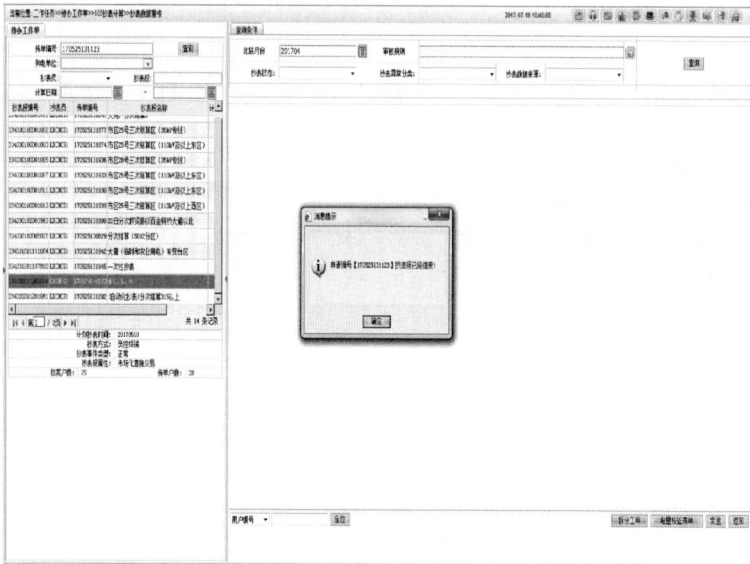

图 5-7　市场化属性的抄表段抄表数据复核后流程结束图示

直接交易用户过户、销户发起的电费流程，会先停留在抄表数据复核环节，需要抄表人员继续往下发（非直接交易用户直接发到电量电费计算环节）。

二、用户档案管理

（1）用电客户基本信息增加市场化属性分类，普通用户为非市场化，直接交易用户为市场化直接交易客户（在交易），如图 5-8 所示。

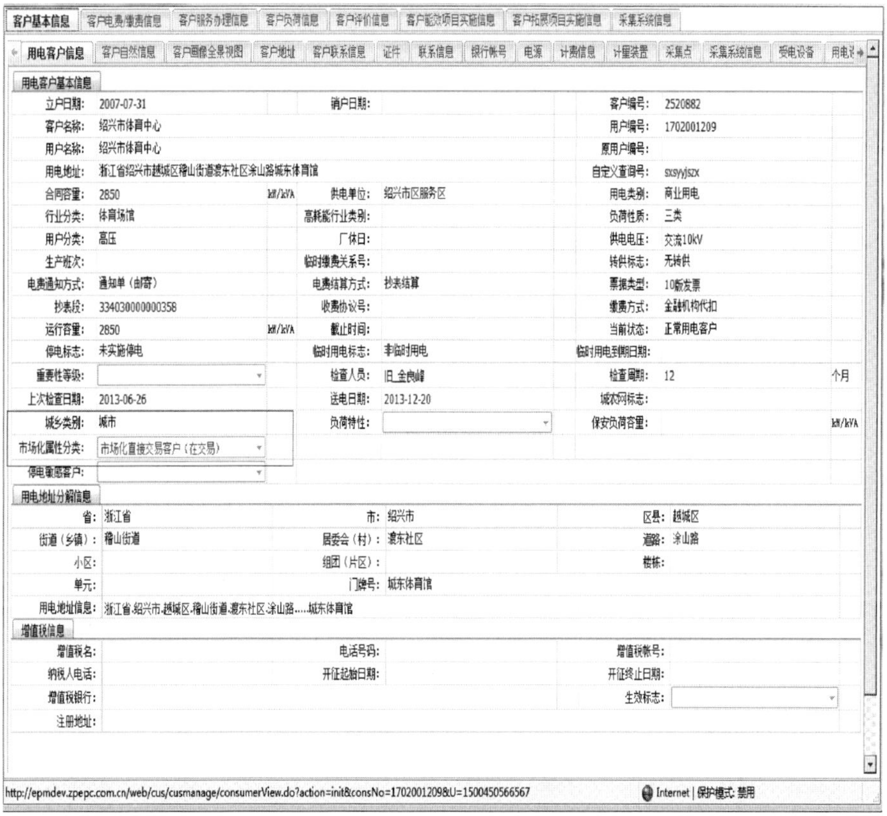

图 5-8　市场化直接交易客户在交易图示

（2）计费信息 TAB 页，对于参与直接交易用户，在电价上增加该电价是否参与直接交易的选项，如图 5-9 所示。

（3）计量装置 TAB 页，对于参与直接交易用户，在计量上增加该计量点市场化属性，如图 5-10 所示。

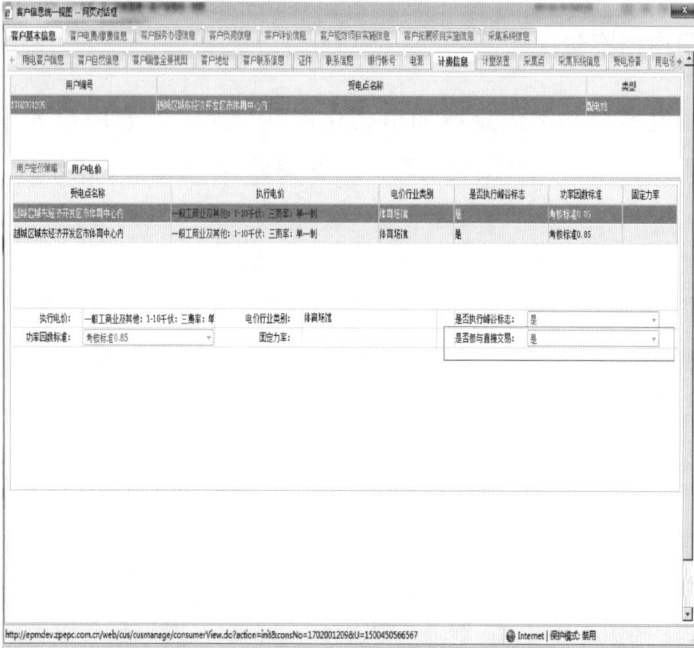

图 5-9　用户电价查询界面直接交易标记图示

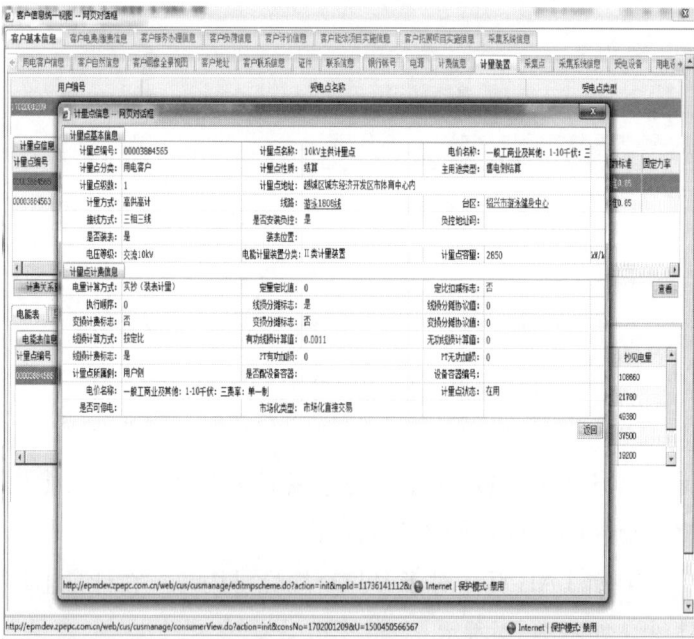

图 5-10　增加计量点市场化属性图示

（4）取消直接交易定比定量计量点，如图 5-11 所示。

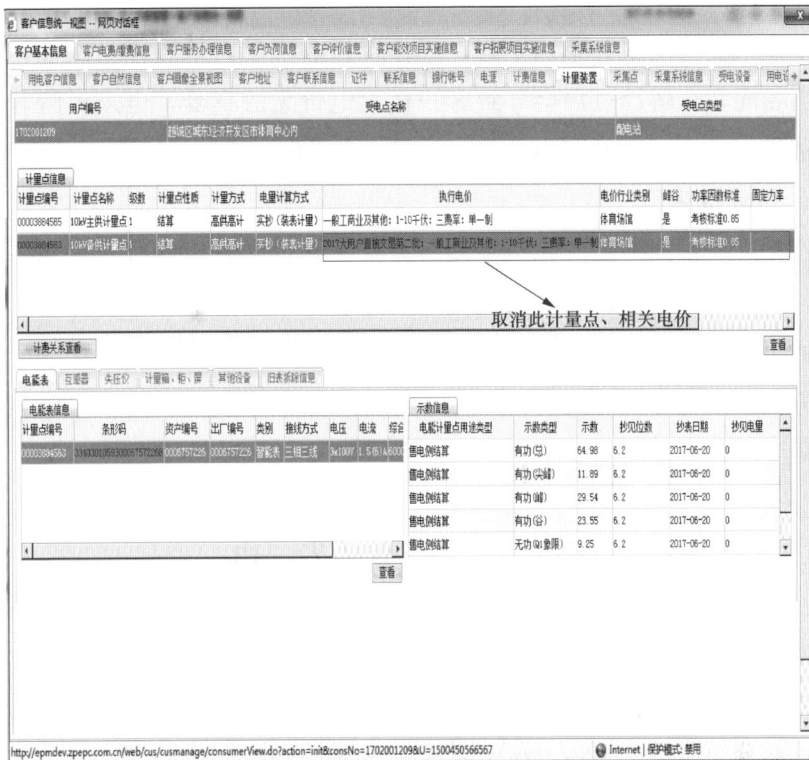

图 5-11　取消直接交易定比定量计量点图示

【典型案例】

业务变更需谨慎，告知清楚免投诉

1. 案例描述

2017 年，李某经营的公司符合市场化直接交易准入条件，该公司享受直接交易优惠电价政策，后因经营不善过户给张某。同年 9 月底，李某和张某一同前往当地供电营业厅办理了过户手续，当张某收到 10 月份的电费通知单后，拨打营业厅电话核对电费情况，最终发现其电价已不再享受优惠政策，工作人员告知办理过户会取消优惠电价，张某认为工作人员当时没有向他解释清楚，造成他多交电费，一气之下拨打 95598 投诉。

2. 原因分析

工作人员主动服务意识不强，工作责任心不足，未履行一次性告知制度，当场向客户解释过户会导致客户优惠电价无法享受，也未提醒客户重新申请优惠电价，造成客户不满，引起客户投诉。

3. 防控措施

一是进一步加强工作人员主动服务意识教育和思想教育，主动一次性告知，提高服务品质；二是强化业务技能学习培训，熟知各类变更业务对客户的影响，及时向客户沟通、解释；三是开展典型投诉问题穿透分析和归因分析，强化考核和问责，对同一责任人发生同类投诉事件要加倍考核，避免同类投诉重复发生。

任务二　光　伏　发　电

≫ 【任务描述】　本任务主要讲解新能源光伏发电相关内容。读者通过对这些知识的学习，能够了解光伏电发上网电价和补贴政策，熟悉上网电价和补贴的具体情况，掌握光伏发电的结算操作流程。

≫ 【知识要点】

一、上网电价

1. 分布式光伏

余量上网电价 0.4153 元/kWh。参见《浙江省物价局关于电价调整有关事项的通知》（浙价资〔2016〕2 号）。

2. 光伏电站

2016 年：0.98 元/kWh（浙江省为三类地区），参见《关于完善陆上风电光伏发电上网标杆电价政策的通知》（发改价格〔2015〕3044 号）。

2017 年：0.85 元/kWh（2017 年 1 月 1 日前备案，且于 2017 年 6 月

30 日前并网的项目仍按 0.98 元/kWh 结算；2017 年 1 月 1 日后备案以及 2017 年 1 月 1 日前备案、2017 年 6 月 30 日前未并网的项目执行 0.85 元/kWh），参见《关于调整光伏光电陆上风电标杆上网电价的通知》（发改价格〔2016〕2729 号），如表 5-1 所示。

表 5-1　　　　　　　　　全 额 上 网 电 价 表

项目类型	上网电价 （元/kWh）		政策补贴 （元/kWh）	合计结算电价 （元/kWh）	
居民光伏 非居民光伏	2016 年	2017 年	0.1	2016 年	2017 年
	0.98	0.85		1.08	0.95

注　全额上网的分布式光伏也执行上表电价。

二、光伏补贴

1. 国家补贴

0.42 元/kWh，一补 20 年。全额上网项目不享受该补贴。参见《国家发改委关于发挥价格杠杆作用促进光伏产业健康发展的通知》（发改价格〔2013〕1638 号）。

2. 省级补贴

0.1 元/kWh，一补 20 年。全额上网项目仍享受该补贴。参见《浙江省人民政府关于进一步加快光伏应用促进产业健康发展的实施意见》（浙政发〔2013〕49 号）。

3. 市级补贴

以温州地区为例。根据《关于扶持分布式光伏发电的若干意见》（温政发〔2013〕75 号）规定，在温注册的企业和在温实施的项目：2014～2016 年，居民光伏 0.3 元/kWh，非居民光伏 0.2～0.1 元/kWh（按并网年份逐年递减 0.05 元/kWh），屋顶所有者享受 0.05 元/kWh 的补贴；企业（居民）自建模式的不补。自发电之日起一补 5 年。

《关于进一步明确分布式光伏发电应用财政补贴有关事项的通知》（温发改能源〔2017〕182 号）规定 2017 年补贴政策，在温注册的企业和在温实施的项目：居民光伏 0.3 元/kWh，非居民光伏 0.1 元/kWh，屋顶所有者享受 0.05 元/kWh 的补贴。自发电之日起一补 5 年。

4. 其他事项

"全额上网"分布式光伏项目（含自然人和非自然人项目）在财政部公布补助目录之前，暂按"自发自用，余电上网"标准进行电费和补贴资金的预结算，补助目录公布后再做清算，参见《关于统一分布式光伏发电项目电费结算政策的通知》（浙江省电力公司财务部和营销部联合发文）。

光伏电站标杆上网电价高出浙江省燃煤机组标杆上网电价（含脱硫等环保电价）的部分，通过可再生能源发展基金予以补贴。符合浙政发〔2013〕49 号文件规定，获得国家可再生能源发展基金补贴的光伏发电项目，省级再补贴 0.10 元/kWh。参见《浙价资〔2014〕179 号关于进一步明确光伏发电价格政策等事项的通知》，如表 5-2 所示。

表 5-2   光 伏 补 贴 表

项目类型	国家补贴（元/kWh）一补 20 年	省级补贴（元/kWh）一补 20 年	市级补贴（元/kWh）一补 5 年	
			2014～2016 年	2017～2019 年
居民光伏	0.42	0.1	0.3	0.3
非居民光伏	0.42	0.1	0.2～0.1	0.1
屋顶所有者			0.05	0.05

≫【技能要领】

光伏结算

（1）电费人员进入"营销业务应用系统≫综合业务查询≫电费查询≫核算管理≫应收电费查询"，如图 5-12 所示。

（2）点击发电客户电费信息，输入户号和要查询的月份，如图 5-13 所示。

（3）选中要查看的内容，点击查看，如图 5-14 所示。

（4）选择打印按钮，打印结算单，盖章后提交财务结算光伏用户电费。

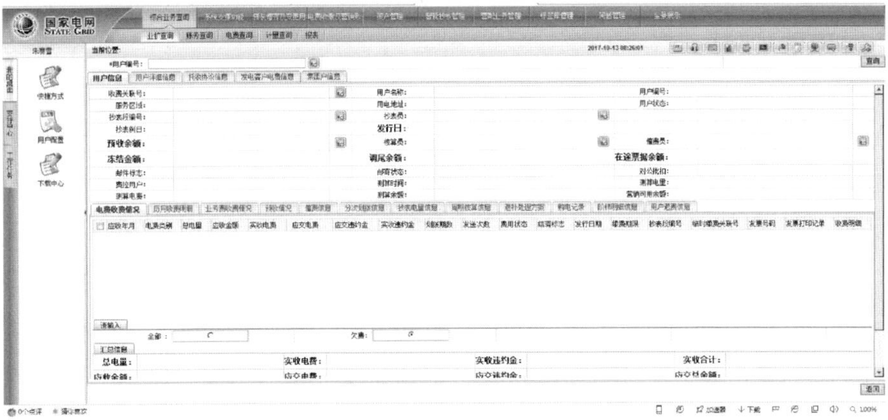

图 5-12 光伏用户电费信息查询路径

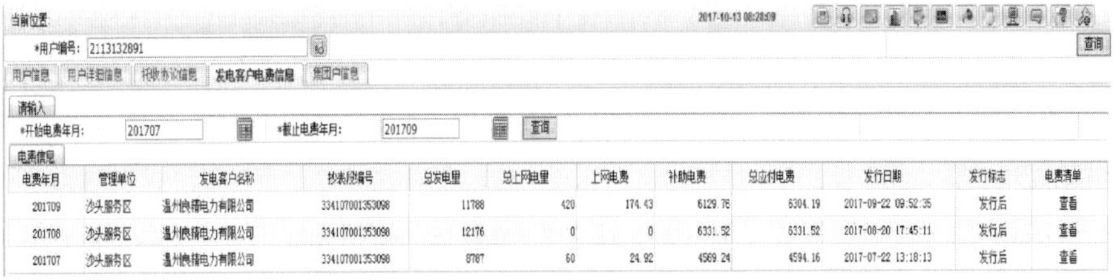

电费年月	管理单位	发电客户名称	抄表段编号	总发电量	总上网电量	上网电费	补助电费	总应付电费	发行日期	发行标志	电费清单
201709	沙头服务区	温州良精电力有限公司	334107001353098	11788	420	174.43	6129.76	6304.19	2017-09-22 09:52:35	发行后	查看
201708	沙头服务区	温州良精电力有限公司	334107001353098	12176	0	0	6331.52	6331.52	2017-08-20 17:45:11	发行后	查看
201707	沙头服务区	温州良精电力有限公司	334107001353098	8787	60	24.92	4569.24	4594.16	2017-07-22 13:18:13	发行后	查看

图 5-13 发电客户电费信息查询界面

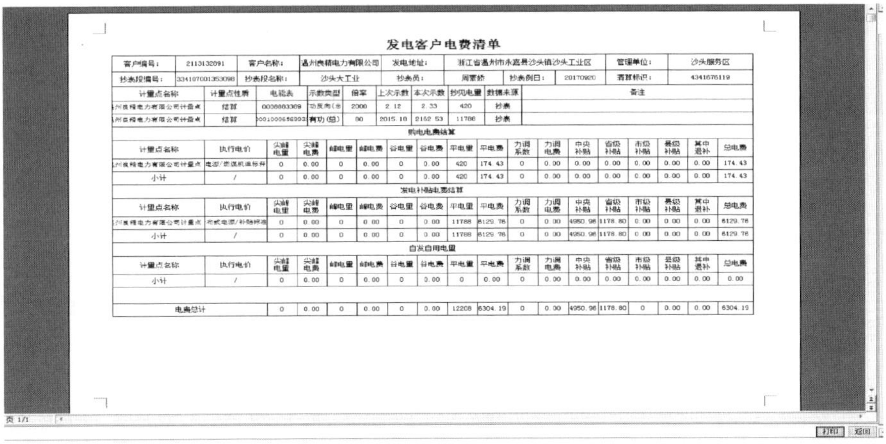

发电客户电费清单

客户编号：	2113132091	客户名称：	温州良精电力有限公司	发电地址：	浙江省温州市永嘉县沙头镇沙头工业区			管理单位：	沙头服务区
抄表段编号：	334107001353098	抄表段名称：	沙头大工业	抄表员：	周素娇	抄表例日：	20170920	清算标识：	4341676119

计量点名称	计量点性质	电能表	示数类型	倍率	上次示数	本次示数	抄见电量	数据来源	备注
温州良精电力有限公司计量点	结算	0008883369	功反向(总	2000	2.12	2.33	420	抄表	
温州良精电力有限公司计量点	结算	00010006569935	有功(总)	80	2015.18	2162.53	11788	抄表	

购电电费结算

计量点名称	执行电价	尖峰电量	尖峰电费	峰电量	峰电费	谷电量	谷电费	平电量	平电费	力调系数	力调电费	中央补贴	省级补贴	市级补贴	县级补贴	其中退补	总电费
温州良精电力有限公司计量点	电源/燃煤机组标杆	0	0.00	0	0.00	0	0.00	420	174.43	0	0.00	0.00	0.00	0.00	0.00	0.00	174.43
小计	/	0	0.00	0	0.00	0	0.00	420	174.43	0	0.00	0.00	0.00	0.00	0.00	0.00	174.43

发电补贴电费结算

计量点名称	执行电价	尖峰电量	尖峰电费	峰电量	峰电费	谷电量	谷电费	平电量	平电费	力调系数	力调电费	中央补贴	省级补贴	市级补贴	县级补贴	其中退补	总电费
温州良精电力有限公司计量点	布式电源/补贴标准	0	0.00	0	0.00	0	0.00	11788	6129.78	0	0.00	4950.98	1178.80	0.00	0.00	0.00	6129.78
小计	/	0	0.00	0	0.00	0	0.00	11788	6129.78	0	0.00	4950.98	1178.80	0.00	0.00	0.00	6129.78

自发自用电量

计量点名称	执行电价	尖峰电量	尖峰电费	峰电量	峰电费	谷电量	谷电费	平电量	平电费	力调系数	力调电费	中央补贴	省级补贴	市级补贴	县级补贴	其中退补	总电费
小计	/	0	0.00	0	0.00	0	0.00	0	0.00	0	0.00	0.00	0.00	0.00	0.00	0.00	0.00
电费总计		0	0.00	0	0.00	0	0.00	12208	6304.19	0	0.00	4950.98	1178.80	0	0.00	0.00	6304.19

图 5-14 发电客户电费详细信息图示

» 【典型案例】

一、设置方案未关联，电费台账出异常

1. 案例描述

某低压用户于 2007 年 10 月 23 日申请低压居民新装立户，安装了"电子式一普通型有功电能表"，2013 年 5 月 10 日发起周期检定（轮换）流程更换为"电子式一复费率远程费控智能电能表（居民用）"。

2014 年 12 月 9 日，该用户申请分布式光伏项目新装，发电量消纳方式为"自发自用，余电上网"，流程流转至"现场查勘"环节时，客户经理在用电户计费计量信息中将原用电户侧表计拆除，仅在计量点方案上网关口计量点处，新装"电子式复费率双方向远程费控智能电能表（发/居）"，用于计量上网及下网电量，未将该表计与用电户进行关联，导致用电户缺失电能表信息。

2014 年 12 月 23 日，流程流转至信息归档环节时，信息归档人员未发现用电户电能表信息缺失。

2015 年 1 月，电费复核人员在电费审核环节发现该用户仅有拆除表计电量，未产生新换表计用网电量，存在异常。

2015 年 1 月 15 日，该公司供电所工作人员对异常情况进行了核查，并通过改类流程在用电户中对表计进行了关联共用，异常状况消除，后续电费出账正常。

2. 原因分析

（1）客户经理未按照《电力营销业务应用系统业务操作手册（分布式电源业务）》的操作流程：首先在"用电户计费计量信息"——电能表方案中换取双方向表计，并勾选相应的受电侧结算示数类型；然后在发电用户"计量点方案"新增上网关口计量点，在"电能表方案"单击"新增"按钮，在"计量点电能表关系方案"中关联新装电能表记录，并正确勾选上网关口结算示数类型。

（2）信息归档人员资料审核不严谨，违反《业扩报装及变更用电管理标准》第5.21.6条规定："信息归档的工作应包括：业扩档案的审查、用户各类电费计费信息的审查及用户计量装置配置等内容。"

3. 防控措施

（1）客户经理应严格按照《电力营销业务应用系统业务操作手册（分布式电源业务）》的要求，熟练掌握光伏新装流程操作方法，确保用户计量装置配置准确。

（2）信息归档人员在信息归档环节加强对业扩档案、用户各类电费计费信息及用户计量装置配置等内容的审核。

二、光伏用户未特抄，电费计算出差错

1. 案例描述

某光伏用户，抄表例日为17日，发电量消纳方式为"自发自用，余电上网"。2015年4月24日，因完善光伏用户"投资模式"等档案信息，业务人员发起分布式电源改类流程。

4月27日，该改类流程流转至安装信息录入环节，需对上网表计进行特抄，装表接电人员未按照表计实际读数进行特抄，而按表计上次示数零录入，导致本次抄见电量为0。由于光伏用户上网表与关联户用电表为同一只表，电力营销业务应用系统自动记录本次抄表示数，并关联至用电户，当天该改类流程完成归档。

根据《浙江省物价局关于电价调整有关事项的通知》（浙价资〔2015〕94号）文件，从4月20日起，分布式光伏自用有余上网用户，其上网电价从0.4580元/kWh调整至0.4453元/kWh、不满1kV一般工商业用户电价从0.946元/kWh调整至0.9376元/kWh。根据该省公司电价调整要求，调价用户4月20日及以后的用电量，按照抄表周期内平均用电量乘以应执行调整后电价的天数确定。该用户4月17日至4月20日期间电量应执行原电价，由于上述改类流程特抄电量为0，导致这段时间内的用电量按新电价计算，电费计算差错。

2. 原因分析

（1）装表接电人员特抄不规范，在变更流程安装信息录入时未按照用户表计实际度数录入底度，而以表计上期底度录入，导致用户上期抄表例日至本次变更流程安装信息录入当天期间内零电量。

（2）《浙江省物价局关于电价调整有关事项的通知》（浙价资〔2015〕94号）电价文件宣贯不到位，计量装接、业扩等专业人员对电价调整工作未足够重视，未能根据电价执行起止时间开展特抄，导致电价执行不到位。

3. 防控措施

（1）加强变更流程特抄的规范性管理，安装信息录入时要严格按照用户表计实际度数录入底度，确保特抄电量的准确性。

（2）加强《浙江省物价局关于电价调整有关事项的通知》（浙价资〔2015〕94号）等电价文件的宣贯，特别在电价调整时，要对易引发电价执行错误的业务环节进行业务宣贯，根据执行起止时间组织进行特抄，确保电价文件落地执行。

任务三　差异化催费

》【任务描述】　本任务主要讲解差异化催费相关内容。读者通过对这些知识的学习，能够了解差异化催费的工作要求和目标，熟悉差异化催费的方法，掌握差异化催费策略。

》【知识要点】

一、差异化催费工作要求

借助客户标签库建设成果，以客户信用与电费风险标签为主要维度开展客户群体分析，制定"失信受限、守信受益"的差异化服务与催费策略，在差异化催收方面对高压客户实行"一户一策"、低压客户实行"一类一策"。通过系统支撑为一线员工提供风险管理与防控工具，实现标签与业务的融合，让电费风险预警更智能、电费风险防控更规范、电费回收工作更高效。

二、差异化催费工作目标

（1）提升电费回收指标。按照信用、风险等级划分客户群体，通过差异化的防控策略，实施"一户（类）一策"，有效缩短电费回款时长，降低逾期缴费率。

（2）降低催费类投诉。基于历史交费行为数据支撑开展差异化精准催费，与客户建立良好的沟通渠道，为客户提供差异化、规范化的服务。避免因欠费停电给客户带来不便和法律纠纷，有效化解因简单化停电催费导致的服务矛盾，降低客户投诉量。

≫【技能要领】

一、差异化催费工作方法

1. 高压客户"一户一策"的风险防控

实施风险防控客户主要包括两方面：一是由电费专职发起，由电费风险模型输出的"电费高风险"标签客户；二是由电费专职根据国家宏观调控政策、行业前景以及突发事件等信息发布的电费风险预警客户。

"一户一策"的风险防控以"电费风险等级"标签为主要维度，结合信用等级（逾期交费次数）、行业分类等标签组合，每月确定本月重点防控的客户群体，启动风险防控流程。通过风险防控流程的发起、外部信息收集、防控方案制定与审批、防控方案执行、效果评估等流程环节，实行高风险客户"一户一策"，有效降低电费风险。

2. 低压非居客户"一类一策"的差异化催费方法

基于客户信用等级和客户信用相关业务规则将客户分为以下三类群体：失信客户（信用等级为 C、D 级）、准失信客户（信用等级为 B 级）、守信客户（信用等级为 A 级）。

以"客户信用标签"为主要维度,结合客户的风险等级、用电类别和行业分类,筛选目标客户,对不同信用等级客户采取不同的催费策略,实现低压非居的"一类一策"。

"一类一策"的差异化催费工作,针对不同信用等级的客户,通过差异化的告知书、催费短信、催费通知单、欠费停电功能,实现基于客户信用评价的差异化催收,如表 5-3 所示。

表 5-3 　　　　　　　　　　　差 异 化 催 收

客户等级 项目	失信客户(C/D级)	准失信客户(B级)	守信客户(A级)
信用等级	一年内逾期交费 2 次及以上的客户	一年内逾期交费 1 次的客户	一年内无逾期交费记录的客户
发送告知书种类	失信告知书	用电客户逾期交费告知书	用电客户逾期交费告知书
电费通知	电费发行后短信通知,同时电费发行后 3 个工作日内电话告知	电费发行后短信通知,同时电费发行后 7 个工作日内电话告知	电费发行后短信通知
催费通知	抄表日＋10 天后,发放纸质催费通知单,同时发送催费短信,每天 1 次	抄表日＋15 天后,发放纸质催费通知单,同时发送催费短信,每 2 天 1 次	逾期之日,发放纸质催费通知单,同时发送催费短信,每 2 天 1 次
停电通知	逾期之日起,下发欠费停电通知书,并发送短信通知,通知 3 天后停电	逾期之日＋10 天起,下发欠费停电通知书,并发送短信通知,通知 5 天后停电	逾期之日＋23 天起,下发欠费停电通知书,并发送短信通知,通知 7 天后停电
复电	办理履约保证措施、订阅催费短信、24h 内复电	办理订阅催费短信、当天复电	2h 复电

二、差异化催费策略

对全公司按月开展防控成效分析,各单位按月开展本单位的风险防控成效分析,从平均回款时长、逾期缴费率等主要指标对比评估差异化催收及策略执行成效,完善分析风险防控策略,实现电费风险防控工作的闭环管理。

1. 差异化催交电费款通知单

（1）催交电费款通知单格式（信用等级 A 级），如图 5-15 所示。

催交电费款通知单存根

年月：
区页码：
户号：
户名：
截止日期：
通知日期：
欠费金额：
通知人：
签收人：
催款电话：

国家电网 STATE GRID 你用电·我用心 Your Power Our Care　95598

催交电费款通知单

供电单位：　　　　交费截止日：

户号		户名	
地址			

陈欠电费（元）	本月电费（元）	合计欠费（元）

贵户上述欠费至今尚未付清，请您务必尽快交清电费，避免因逾期交费而引起停电，给您带来诸多不便。

贵户近 12 个月内累计逾期交费次数已达 1 次。**如累计逾期交费次数达到两次及以上，您将会被列入失信客户名单，并提交给政府、人行的征信系统，作为信用评价的依据。**

请您珍惜您的交费履约的信用，特此通知，谢谢合作。

通知人：　　　　通知日期：

国网浙江省电力公司

图 5-15　催交电费款通知单（信用等级 A 级）图示

（2）催交电费款通知单格式（信用等级 B 级），如图 5-16 所示。

催交电费款通知单存根

年月：
区页码：
户号：
户名：
截止日期：
通知日期：
欠费金额：
通知人：
签收人：
催款电话：

国家电网 STATE GRID 你用电·我用心 Your Power Our Care　95598

催交电费款通知单

供电单位：　　　　交费截止日：

户号		户名	
地址			

陈欠电费（元）	本月电费（元）	合计欠费（元）

可能是您的疏忽或者其他原因，贵户上述欠费至今尚未付清（若因本通知单送达时间与银行发送信息时间差的原因而通知错误时，敬请谅解），请您务必尽快交清电费，避免因逾期交费而引起停电和影响您的信用记录，给您带来诸多不便。

特此通知，谢谢合作。

通知人：　　　　通知日期：

国网浙江省电力公司

图 5-16　催交电费款通知单（信用等级 B 级）图示

（3）催交电费款通知单格式（信用等级 C、D 级），如图 5-17 所示。

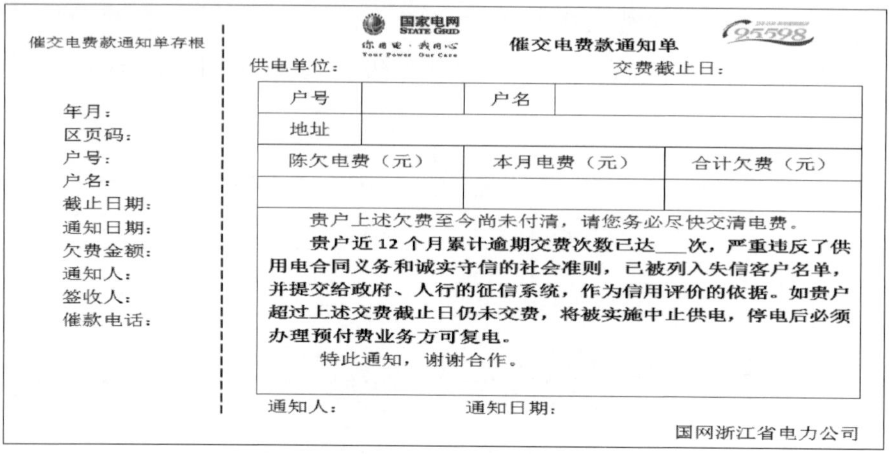

催交电费款通知单存根

年月：
区页码：
户号：
户名：
截止日期：
通知日期：
欠费金额：
通知人：
签收人：
催款电话：

催交电费款通知单

供电单位： 交费截止日：

户号		户名	
地址			

陈欠电费（元）	本月电费（元）	合计欠费（元）

贵户上述欠费至今尚未付清，请您务必尽快交清电费。

贵户近12个月累计逾期交费次数已达___次，严重违反了供用电合同义务和诚实守信的社会准则，已被列入失信客户名单，并提交给政府、人行的征信系统，作为信用评价的依据。如贵户超过上述交费截止日仍未交费，将被实施中止供电，停电后必须办理预付费业务方可复电。

特此通知，谢谢合作。

通知人： 通知日期：

国网浙江省电力公司

图5-17 催交电费款通知单（信用等级C、D级）图示

2. 差异化催交短信

按信用等级设置短信，进行差异化催费，具体模板如下：

信用等级C、D级

尊敬的客户：您好，贵户（户号××，户名××，用电地址××）截至××月××日，您的电费还有××元尚未交费。您近12个月内累计欠费次数已达××次，已列入失信客户名单，请珍惜您的信用，在××月××日前交清。如逾期交费将会被中止供电，中止供电后必须办理预付费业务方可复电。如您已交清电费，请忽略此短信，感谢您的配合。（浙江电力）

信用等级B级

尊敬的客户：您好，贵户（户号××，户名××，用电地址××）截至××月××日，您的电费还有××元尚未交费。您近12个月内累计欠费次数已达1次，若欠费记录达到2次及以上将会被列入失信客户名单，请珍惜您的信用，在××月××日前交清。如您已交清电费，请忽略此短信，感谢您的配合。（浙江电力）

信用等级A级

尊敬的客户：您好，贵户（户号××，户名××，用电地址××）截

至××月××日，您的电费还有××元尚未交费，请您务必在××月××日前交清电费，避免因逾期交费而影响您的信用记录。如您已交清电费，请忽略此短信，感谢您的配合。（浙江电力）

≫ 【典型案例】

征信机制要先行，欠费停电属无奈

1. 案例描述

客户赵某2014年8月电费超过交费截止日未交，催费人员多次上门送达催交电费通知单，客户仍未交纳。2014年8月30日上午，催费人员再次来到客户家中进行现场催费。敲门无人应答，催费人员将随身携带的欠费停电通知单贴在客户门上，并采用断开表后空气断路器的方式进行欠费停电。当时，客户赵某正在家中，突然停电便出门查看，看到欠费停电通知单后，客户非常生气，认为供电公司催费人员在没有提前通知的情况下随意停电，因此拨打95598投诉。

2. 原因分析

（1）催收人员未按规范履行欠费停电审批程序，欠费停电实施随意，欠费停电提前通知的工作要求实施不到位。

（2）催收人员未按照电费催费业务规范落实电费催收工作，对已发生欠费的客户，未分类持续跟踪分析，简单采用纸质通知单方式进行催收，催收工作流于形式，不注重实际催收效果。

3. 防控措施

（1）重申客户停限电管理办法中电费欠费停复电的工作要求，加强欠费停复电管控，细化欠费停复电工作流程，明确各环节岗位职责。结合营销精益化考核，严格落实责任，提高违规成本。

（2）组织电费管理专家对催费人员催费工作进行现场培训，指导催费人员对欠费客户进行用电情况、交费情况、风险情况等跟踪分析，细化分类，选择电话催费、语音催费、短信催费、现场催费等针对性催收方式，提升催收质量。

（3）建立客户信用评价与风险预警管理机制。完善客户信用评价与风险预警规则，融合营销客户交费、欠费、违约用电等内部数据和中国人民银行、社会信用体系等外部数据，做好客户信用评价及应用。

参 考 文 献

[1] 国家电网公司人力资源部. 国家电网公司生产技能人员职业能力培训专用教材 抄表核算收费 [M]. 北京：中国电力出版社，2010.

[2] 王伟红. 抄表核算收费员 [M]. 北京：中国电力出版社，2017.

[3] 王晓玲，王伟红. 现场抄表 电费催收专项技能培训教材 [M]. 北京：中国电力出版社，2015.

[4] 孔繁钢. 电力营销一线员工作业一本通—抄表催费 [M]. 北京：中国电力出版社，2013.

[5] 张燕. 电力营销典型案例评析 [M]. 北京：中国电力出版社，2017.